Lived Space

The Architecture of The Museum of Modern Art, Kamakura 1951-2016

西側正面入口 1951

空間を生きた。

「神奈川県立近代美術館 鎌倉」の建築 1951-2016

刊行によせて

神奈川県立近代美術館の鎌倉館は、まず1951年に旧館部分が完成し、一般に公開されました。まさに20世紀後半がはじまろうとする年のことでした。その後、1966年には新館部分が増築され、北側に附属屋が加わりました。戦後の日本の復興の歩みに重なるように、それを美術の分野で反映した建物群であったといえるでしょう。

　この建築の複合体は、不世出の建築家、坂倉準三のアイデアによって、鶴岡八幡宮という史跡の歴史的、文化的空間のなかに、みごとに調和を保ちながら成長を遂げたのです。

　旧館に関しては、自然採光のための屋根の構造が改変され、それに伴って照明のシステムも変更されています。また、固定のガラスケースを一部追加したり、空調機能を高めるために大きな吹き出し口が壁面に設けられるなど、いくつかの展示に影響のある変更が加えられています。しかし、建物全体のプランは基本的に変化することなく、鶴岡八幡宮境内でのその佇まいは本来の姿をほぼ保ちつづけたのです。これはスクラップ・アンド・ビルドを繰り返した日本の戦後建築史にあっても稀なことでした。

　本書は、この稀有な美術館建築の魅力を将来に残すべく編集されました。多くの困難を乗り越えて、この建物が、鎌倉という文化空間のなかに生き、そして、逆にその文化空間をよい意味で変質させ、現代的な生活空間の形成に貢献してきたことも伝えられたらと願っています。「空間を生きた」。それは既存の空間と単に調和するだけでなく、それとの刺激的な対話を重ねることにほかなりません。鎌倉館は、まさにその証言者であったのです。

　併せて刊行される鎌倉館の活動の記録である『鎌倉からはじまった。「神奈川県立近代美術館 鎌倉」の65年』とともに、本書が鎌倉館のかけがえのない魅力を多くの人々に伝えてくれることを願わずにいられません。

　最後になりましたが、本書の刊行にあたりご協力頂きました関係各位に心より御礼を申し上げます。

2015年11月

神奈川県立近代美術館長
水沢 勉

Foreword

The Museum of Modern Art, Kamakura, opened its doors to the public in 1951, upon the completion of what is now known as the Main Building. Never was there a more fitting event for the very first year of the latter half of the twentieth century. The New Building was then added to the museum in 1966, and an additional building appended to the north side of the Main Building. The emergence of these buildings from within the world of the arts seemed to reflect and harmonize with the journey towards reconstruction being made by post-war Japan.

At the idea of the unparalleled architect Junzo Sakakura, the museum building, composed of multiple elements, took shape in a rather unique spot: the grounds of the historic Tsurugaoka Hachimangu. Yet even within this historically and culturally significant site, the building managed to maintain a sense of harmony and balance throughout its development.

There have been changes made to the museum throughout time. The roof of the Main Building, designed to let in natural light, has been restructured, and the lighting system changed. Other alterations intended to improve the exhibitions have been carried out: display cases have been added, and a large outlet appended to the wall in order to improve ventilation. However, the overall layout of the building has remained fundamentally unaltered, and, standing there in the grounds of the Tsurugaoka Hachimangu looks much the same as it did the year it was first built. This is a most rare occurrence given the endless demolishing and rebuilding from scratch that has dominated Japan's architectural environment since the war.

This book has been compiled in order to leave a record into the future of the charms of this unusual museum building. I hope that it can succeed in conveying how building has overcome many problems, living within the cultural space of Kamakura and shaping that space in turn, contributing to the formation of the area as a modern space for living. The concept of 'Lived Space,' which provides the title of this book, means not only harmonizing with the preexisting space but offering a stimulating two-way dialogue with it. The Museum of Modern Art, Kamakura's building offers proof of that.

I sincerely hope that this book, alongside the volume *It Began in Kamakura; The 65 Years of The Museum of Modern Art, Kamakura* which will be published subsequently and offers a record of the museum's activity, can allow many readers to share in and enjoy the unique charm of the museum.

Finally, I should like to offer my thanks to all those who have given their cooperation in realizing this book.

November 2015

Tsutomu Mizusawa
Director, The Museum of Modern Art, Kamakura & Hayama

目次 | Contents

02　刊行によせて
　　水沢 勉

03　Foreword
　　Tsutomu Mizusawa

06　神奈川県立近代美術館と坂倉準三について
　　対談　槇 文彦×松隈 洋

14　坂倉準三のもとで
　　北村脩一　聞き手 松隈 洋

22　Promenade I　撮影 新 良太
　　Photography by Ryota Atarashi

33　鎌倉美術館コンペティション　コンペ提出図面について
　　解説 北村紀史
　　Invitational Competition of The Museum of Modern Art, Kamakura
　　Drawings of Junzo Sakakura's Competition Proposal　Text by Noribumi Kitamura

42　実施設計図面について
　　解説 萬代恭博
　　Working Drawings　Text by Yasuhiro Mandai

50　Promenade II　撮影 新 良太
　　Photography by Ryota Atarashi

52　新館、そして三つの建物
　　室伏次郎　聞き手 松隈 洋

60　鎌倉美術館設計趣旨　坂倉準三［再録］

62　Design Intent for The Museum of Modern Art, Kamakura　Text by Junzo Sakakura [Reprint]

凡例
本書籍内の図版解説は、下記の原則による。

縮尺｜形状｜作成年月日｜素材・技法｜
大きさ［mm、縦×横］｜所蔵者

＊情報が不明の項目は、「－」と表記した。
＊坂倉準三建築研究所図面台帳を台帳と表記した。

Note
The image descriptions in this book conform to the following format.

Scale | Form | Production Year | Material / Technique |
Dimensions [mm, height × width] | Owner

* Any unknown information is indicated by a dash ("－").
* The Registry of Archived Drawings (Registry) kept at Sakakura Associates Architects and Engineers' office.

対談　槇 文彦 × 松隈 洋
神奈川県立近代美術館と坂倉準三について

松隈 洋（以下H）槇さんは生前の坂倉準三と交流がおありだったそうですが、出会いのきっかけは何だったのですか。

槇 文彦（以下F）私は生前の坂倉さんにお目にかかって、その後お亡くなりになるまでお付き合いがありました。きっかけは、私の家内の父、松本重治が国際文化会館（1955年）を作るにあたって、設計を前川國男、坂倉準三、吉村順三の三先生にお願いしたことからですね。私は1959年に結婚したのですが、その関係で前川先生と坂倉さんともお近づきになりました。吉村さんとはあまり個人的にはお付き合いはなかったのですが…。

H──国際文化会館で初めて坂倉さんに会ったのですか。

F──松本を介して知り合いになったということですね。もちろん坂倉さんのその頃のお仕事は知っていました。私が大学を卒業したのが1952年、神奈川県立近代美術館（以下、近美）は1951年に出来たのですよね。しかし、大学の方が忙しくて飛んで見に行くということはなくて、その後、私は1952年にはアメリカに行ってしまった。これがその当時の大変重要な日本の近代建築ということは認識していたのですが、実際に訪問する機会があったのは、たまに日本に帰ってきた時でした。その後、坂倉さんにお会いする機会があって、面白かったのは、1955年にル・コルビュジエ（以下、コルビュジエ）が来日して、国立西洋美術館（1959年）の敷地を見に来ていた時に、坂倉さんが京都を案内されていて。日本建築、おそらく桂離宮だと思うのですが、「コルビュジエはどんな印象をお持ちでしたか」とお聞きしたら、「日本の建築は線が多すぎると言っておられた」とおっしゃっていたのが記憶に残っています。

前川さんは、コルビュジエのアトリエに二年しかなかった。それに比べて、坂倉さんが五年もいたということは、相当コルビュジエ自身のこともよく知っているし、そのやり方とか影響は、この近美のプロジェクトを見る限り、坂倉さんの方が、前川さんよりコルビュジエの影響を強く受けていたと思いますね。

1937年開催のパリ万国博覧会（以下、パリ万博）日本館の時も、設計は彼のアトリエでやっていたのですよね。一人でやっていたのですか。

H──コルビュジエ財団に坂倉さんの手紙が残っていて、クレジットは坂倉さんですが、コルビュジエと共同設計に近い契約だったようです。

F──社会的には坂倉さんの作品ですね。共同という言葉は一つも出てこない。でも、影響（インフルエンス）があったということは考えられますね。松隈さんの著書『坂倉準三とはだれか』（王国社、2011年）を読んでいると前田健二郎が出てくる。パリ万博日本館はもともと前田さんがやるかもしれなかったのが、何らかの事情で坂倉さんに代わったという話をご存知ですか。

H──パリ万博日本館の計画は、東京帝国大学教授の岸田日出刀が中心となって、前田健二郎、市浦健、吉田鉄郎、谷口吉郎、前川國男を集めて簡単なコンペをやったことから始まります。その結果、前川國男案が一等に選ばれたのですが、それが日本的ではないということで、パリ万国博覧会協会に拒絶されてしまいます。タイミングの悪いことに、その混乱の最中に、岸田は1940年に予定されていた東京オリンピックの視察のために、1936年のベルリンオリンピックに旅立ってしまうんです。責任者が放り出していなくなってしまう中で、前田健二郎案が浮上して、これが一番日本的ではないかということに落ち着いた。でも、前田案に決まったのはよかったのですが、現地のことをよくわかっていない設計で、フランス側が求めたフランス人技師との共同作業による建設が上手くいかないだろう

ということになった。その時に、佐藤尚武という前川の伯父がパリにいて、以前から交流のあったコルビュジエから、彼の事務所に坂倉という有能な若い建築家がいることを聞いていた。また、佐藤は、コルビュジエからも日本館の設計にぜひ協力したいと言われていたんです。そのことを伝え聞いた博覧会協会の理事で、坂倉の恩師でもあった團伊能が協会に働きかけた結果、土壇場で、急きょ坂倉を連れて現地に赴き、前田案を参考に坂倉が日本的な日本館を設計することになったのです。

F──坂倉さんは一遍日本に帰っていますが、その後の話ですか。

H──1936年4月に帰国した際に、そういう問題が起きて、それなら坂倉がちょうどいい、ということで、團伊能と一緒にパリに行くことになりました。

F──私は1965年に事務所を始めて、最初の仕事の一つが立正大学でした。あの頃キャンパスがほとんど何もなくて、前田健二郎さんがおやりになった建物が一つあり、一度ご挨拶に伺ったほうがよいと思い、お会いした時に、どうぞやってくださいと言われた。その時にパリ万博日本館に思い入れがあったようなお話を聞いたんです。それで、松隈さんの著書に前田健二郎も設計者候補の一人だったとあったので、今初めてどういう理由だったのかが分かった次第です。

H──そんな経緯もあって、前田健二郎が試みていたなまこ壁のモチーフを、坂倉さんは最終的に日差し除けのグリルの形で再現するのですね。

F──坂倉さんの仕事の中で、やはり一番興味があったのはパリ万博日本館です。というのも、彼自身にとってデビュー作であるだけでなく、初めて日本の近代建築が海外に知られた作品で大変重要だと思うからです。けれども、その後戦争があって、日本でもほかの国でも建築家が自由に仕事をできない状況となり、この近美との間に十四年という月日が流れている。坂倉さんは、戦争中にあまり日本の伝統論とかそういうような所に関わらずに済んだのか、避けたのか分かりませんが、それがパリ万博日本館と一続きだとすれば、坂倉さんには他の建築家と違う所がある、という見方は理解できますね。

H──屈折していないのかもしれません。坂倉さんの面白い立ち位置だと思います。前川さんみたいに色々なものを背負っているという感じではなくて、コルビュジエの詩的なところを身体的に吸収して、それが戦争の間凍結されていたのだけれど、そのまま近美でもう一度ふっと解凍して出てくる。戦争という経験がどこにも入っていないのですね。

F──前川さんのように、戦争による屈折したものを持たずに済んだから、こういうものが出来たという風に、私としては、わりとポジティブに受け取ることができる。坂倉さんは、満州に行って何か仕事をされていたのですか。

H──新京の都市計画（新京南湖住宅地計画案　1939年）など、いくつかの計画は立てていましたが、実現はしていません。パリから最終的に帰国して独立したのが1940年、すでに日中戦争がはじまっていたので、ほとんど作るものがない時代でした。ですから、戦時中、海軍に組立住宅を売り込んだりはしていますが、実現したものはほとんどありませんでした。

F──コルビュジエに学んだ、あるいは彼のアトリエで経験した事が、そのまま保存されるというか、あまり傷つかない形で、坂倉さんの戦後の代表作が出来たということは考えてもいいと思います。建物の細かい点は知らないのですが、一階はピロティになっていて彫刻の展示がありますが、来られた方はまず上に上がってから下に降りる。これも珍しい考え方ですね。上に上がるという形式は、すでに日本の神社仏閣では

完全に一階分上がらないにしてもありましたが、下に降りてくると今度は真ん中に広がりがあって、南側に池があって、つまり全く違う視線構造みたいなものが展開していく。それが一つのボリュームの中にあるというのは、それまでの日本の建築にあまりなかった。その辺はすごいと思うのです。松隈さんは『坂倉準三とはだれか』の中で、「建築のエッセンス」という視点から、「部屋の間取り図を描くような単純な方法ではなくて、空間のボリュームの分割と構成という意識的な平面計画、すなわち《プランニングという方法》が施されている」と指摘しています。それまで我々の建築では、「間取り」という言葉が親しまれてきた場合が多いのですが、それがなくて、空間のボリュームの分割と構成という意識的な、すなわち「プランニング」という言葉、これは非常に大事な言葉だと思いますね。なぜならば、やはり間取りという考え方は二次元の世界の中で、廊下はこっちにした方がいいとかここは襖とか縁側とか、いろんな考え方があったのですが、そういうものでなくて、空間体というような、空間のボリュームの分割と構成というのは、まさに普通だと一階に入ってから二階に上がるのを、二階に上げて降りてくる。しかし両方とも新しい空間体験ができて、関係がお互いにあるということですね、そのことが、この「空間のボリュームの分割と構成」という所で非常に出てきていると思うのです。

　私の友人にインドのアーメダバードに住んでいるバルクリシュナ・ドーシという人がいるのですが、彼は戦後ちょうど吉阪隆正さんが居られた頃にコルビュジエの所にいました。年齢は僕より一つ上の八十代の終わりの人です。彼はアーメダバードのコルビュジエの仕事をかなり助けて、それからルイス・カーンの建物にも協力して、それについて書いた文章もあります。そのドーシが一度僕に話してくれて非常に印象的だったのは、彼がコルビュジエの事務所にいた時、スケッチを描いていたら、コルビュジエがやって来て、「やぁ君、ここでこの人はこういうふうに動いてこっちの方に行くんだ」と言ったそうです。つまり、視点の展開みたいなものをコルビュジエは非常に重要視していた。まさに、その空間体というのは、ぼわっとした三次元的な空間の中に自分でも誰でも良いのですが置いてみて、どういう風に視線が変わっていく、あるいは次のものとどう繋がっていくのかということを、コルビュジエは大変重要視していた、という言葉を、何かの時に僕に教えてくれたことがあるのです。おそらく、この近美では、新しい視線構造、空間体の中の視線構造という形で、コルビュジエの精神も受け継がれていて、あまり丹下健三さんや他の建築家にはなかった大胆な考え方であるということは、高く評価して良いと思います。この近美のコンペの審査員は岸田日出刀さんだったのですか。

H――いいえ、審査委員会は推進母体の神奈川県美術家懇話会の村田良策という東京藝術大学の初代美術学部長を中心に組織されますが、委員長は建築家の吉田五十八が務めました。

F――あの頃は今と違って、コンペに選ばれる人は十人くらいしかいなくて、その中の誰だという、そういう時代だったものですから。

H――この指名コンペで坂倉さんの他に指名されたのは、前川國男、谷口吉郎、吉村順三と山下寿郎です。前川國男案は前川事務所に保管されていて、大髙正人さんが担当したことも分かっていますが、吉村順三案は残っていないそうです。谷口吉郎案や山下寿郎案もどんなものだったのか、これを機に探してみたいですね。前川さんの案は鉄筋コンクリート造ですし、坂倉さんの案だけが乾式構造のコンパクトな鉄骨造で、一番合理的に見えたということが当選の大きな理由だっ

たようです。

F──当時、乾式構造でやれば、もちろん建物が軽くできるメリットはあるし、断熱もそれなりに手当をされているとは思うのですが、しかし建設コストの割と厳しいプロジェクトの中で、乾式構造が良いという判断があったのでしょうかね。しかもアスベストボード（繊維強化板）の白い大きな壁と大谷石を用いた細い鉄骨造という非常に大胆な構成は、やはり1937年来の彼の持っていたモダニズムがある一つの形で鮮明に出てきていると言えると思う。

H──明晰な空間構成が誰のものと比べても物凄くプリミティブに見えたのだと思います。

F──私自身は、卒業するとき一番印象に深かったのは、アントニン・レーモンドが手掛けたリーダーズ・ダイジェスト東京支社（1951年）です。これはすぐに見に行きました。あの建物は、またちょっと違うモダニズムで強い印象を受けた。そういう意味で、近美とリーダーズ・ダイジェスト東京支社は、戦後の日本でモダニズムに新しい風を吹き込んだ。新しいということは、我々に目を開かせた作品だということが言えると思いますね。

H──事件に近いですよね。見たことのない楽しさというか。

F──リーダーズ・ダイジェスト東京支社は非常に印象に残っている。近美のすごさは後からだんだん分かってきたことなのですが。

H──槇さんがいくつかの文章で、パリ万博日本館のことを何度も触れておられますが、この日本館について初めて見たのは、戦前の雑誌『現代建築』ですか。

F──いいえ、スイスから1940年に出版された、アルフレッド・ロートが編集した建築作品集（Alfred Roth, *La Nouvelle Architecture*, Editions Girsberger, Zürich, 1940）です。その本とコルビュジエの作品集が我々学生にとってバイブルでした。まさに戦争が始まる頃の本です。スイスは一応戦争の外にいたからこういう本が出せたのですよね。すごく価値のある本だと思う。というのは、大学時代にみんなで一所懸命これを見ていたんですよ。図書館から借りたか、丹下研究室が持っていたかのどちらかです。

H──1940年だから、戦後に手に入れたのか、戦前にもう既にあったのか、東京大学の図書館にいつ入ったのか。考えるとすごいことですね。パリ万博日本館が『現代建築』に出たのが1939年ですから、それが何故、翌年の作品集にすぐ載ったのか。ロートが坂倉さんに掲載するから資料を送れ、とリクエストしたのでしょうか。

コルビュジエの作品集とこの作品集が槇さんたちの学生時代のバイブルだったというお話ですが、当時は情報が限られているはずなのに、幸せに思えます。今は情報が多すぎて出会えない感じがしますね。

F──今と違って、それはアメリカの戦後の建築についてもそうですけれど、非常に情報が限られていたから、みんなが同じものを一所懸命見ていた、ということはありますね。この作品集も、おそらくその中の一つではないかと思います。

H──穿った見方をすると、この直前の1932年に、インターナショナル・スタイルの展覧会がニューヨーク近代美術館で開催され、その作品集が出版されたことに対して、ロートがまったく別の切り口で出したような印象もありますね。

F──ロート自身は、ヘンリー・ラッセル・ヒッチコックなどに対して割と辛口の人だったのですよ。批判的でした。ですから、それはあり得る話ですね。モダニズム建築はそうではないのだ、というような意図があったのかもしれない。ロートは確か前川さんとも親しかったのですよね。

H──チューリッヒ工科大学（ETH Zürich）に前川さんのロート宛の書簡が残っているそうです。槇さんには、近美を訪れた時よりも、パリ万博日本館の印象が強烈に残っているのですか。

F──もちろん日本館を実際に見ているわけではないのですが、やはりこの作品から戦後の日本のモダニズム建築のエッセンスを常に受け取りましたね。日本の近代建築の国際的なデビューは、坂倉さんの1937年のパリ万博日本館に始まる、と言って間違いはないと思います。初めて外国人が浮世絵を見たのと同じように、このプロジェクトに対する衝撃があって、だからこそグランプリを獲得したのだと思います。坂倉さんは、戦争さえなければ、引き続き海外で仕事があってもいい建築家だった。けれども太平洋戦争があって、坂倉さんもそれほど海外での仕事に関心を示されていなかったのですかね。丹下さんのような、初めから自分は世界でやるぞ、という姿勢はあまり窺われない。その点も非常に面白いと思います。

H──僕は坂倉さんには、最後までコルビュジエのスタッフの一員としての自覚があり、そのミッションを担って日本で仕事をするみたいな印象を持っています。前川さんのように、ある距離を置いてコルビュジエを見るという視線はなかった感じがしますね。

F──坂倉さん、前川さん、吉阪さんの三人で、コルビュジエの国立西洋美術館の建設に協力していますが、その中でどういう役割分担だったのか、僕は分からないのだけれど。

H──国立西洋美術館は、コルビュジエが送ってきた基本設計が全くそのままでは建たないということになって、仕方なく前川さんが音頭を取って、僕らで共同して実施設計をやろうよ。坂倉さんに建築を任せ、自分は設備をやり、構造は横山不学に頼むからということで、吉阪さんが連絡係とか調整係とかの役回りで出来上がるのです。前川さんは裏方に回り、坂倉さんを立てる形でコルビュジエとやり取りさせたのです。

F──コルビュジエは、建物が竣工しても来日する機会がないうちに亡くなられたのだけれど、写真を見て綺麗すぎると言ったと聞いた記憶がありますが、それは本当ですか。

H──コルビュジエの矩計図を見ると、柱は鋼管で型枠を作って打て、と書いてあります。それで日本側は困ってしまったようです。森丘四郎というオーギュスト・ペレの所でコンクリート技術を学んできた人が清水建設の技術者として国立西洋美術館の現場を担当します。森丘は、後に、コルビュジエが求めたのは、マルセイユの集合住宅、ユニテ・ダビタシオン（1952年）のような荒々しいコンクリートの仕上げだと思われるが、鋼管で作れということを受けて、日本の場合は型枠大工の熟練した技術を活かして、綺麗なコンクリートの打放し仕上げで作らないとだめだと思った、というようなことを書いています。それが実際に完成し、吉阪さん経由で写真を送った時に、綺麗すぎるとコルビュジエが言ったそうです。彼には、伊勢神宮のような繊細な綺麗さに見えたのではないでしょうか。

コルビュジエが1955年に国立西洋美術館の敷地視察で来日した際、坂倉さんが近美に連れて行ったのです。コルビュジエは長年にわたって美術館建築をやりたくてしょうがなかったので、弟子の坂倉さんが先に実現させた近美をどう見たのか、興味が湧きます。設計担当者としてその場に立ち会った駒田知彦さんのお話では、コルビュジエは、近美の中庭のプロポーションに関心を示し、ずっとあの場所に佇んでいたそうです。おそらく国立西洋美術館の設計にも何らかの影響を与えていると思います。

F──中庭で思い出したのですが、ヨーロッパの建築史の中で、中庭というのは非常に重要な役割を果たし

ていますよね。ギリシャの都市国家の住宅の中に、個室がぎっしりと次の棟の個室につながって、唯一空いているのは真ん中の中庭という形式があって、そこは冠婚や葬祭など色々に使われて中心的な役割を果たしている。日本の場合は、すべての視線が凝集する中庭という形式ではなくて、逆に縁側を通じて外へ向かうので、求心性というよりも遠心性が強い。やはり中庭というのは、どちらかというと、今では日本でも色々な形で使いますけれど、西洋的な手法だったのではないかなという気はしますね。

H──近美の場合に面白いのは、中庭としてあるのに実は上は囲まれている。だけれど、下はピロティで開いていて、視線が周囲へ抜けていく。その構成がとても新鮮ですね。

F──そこに日本的なものも当然入っているし、もう一つ、二階へ上がる階段が真ん中にあって、そこでは中心性を表している。それに対して国立西洋美術館は、もっと外れているところに二階へ上るスロープがある。それは、美学(エステティック)の違いだと思うのですよね。ですから坂倉さんは、おそらく神社みたいなものも意識されて、中心性をはっきり出そうということだったと思います。ただ、図面を見て不思議に思ったのですが、アプローチを西側にしようという理由は何だったのですか。

H──それがよく分からないのです。

F──前川さんのコンペ案のように、北側の神社側からのアプローチをあえて避けた感じがします。

H──そうかもしれないですね。坂倉さんは、八幡宮という神社の境内にある建築ではなくて、もうちょっと自立したものとして別世界を作りたかったのかもしれません。

F──自立性を強調する一つとして真ん中にエントランスを設けたことも、デザイナーとしての坂倉準三の、非常に複雑なものに対する明晰な考え方を表現されたのだと思いますね。

H──日本的な開放性と、空間のボリュームの体験の新しさ、というか立体的な空間構成ですね、それが初めて近美で出来上がったのだと思います。

F──それは、当時の日本の、あるいはそれまでの日本の近代建築を背負ってきたであろう堀口捨己さんにもなかった、空間体に対するまったく新しい考え方だと思いますね。

H──その辺りの原点がパリ万博日本館にあったのではないかと…。

F──図面と写真だけ見ていても、非常に新鮮な印象を今でも持っています。

H──そのような歴史的な価値を持つ建物が、今年度で閉館してしまうので複雑な気持ちにもなります。これからどんな風に使われていくのが一番良いと思われますか。

F──そこは一番大事だと思います。けれども、別に新しい壁を設けるというようなことはしないでしょうから、展示と文化活動に重点を置くということであれば、今のままでかなり使い切れるのではないか、という期待はありますね。

H──乾式構造の鉄骨で出来たことの意味も非常に特殊だと思うのですが。僕らが今見てもある種の新しさというか、新鮮な雰囲気を持っている。軽々とあそこに浮いている。なおかつ大谷石が使われていることとの対比みたいな部分ですね。

F──当時は、猫も杓子もコンクリートの時代であったのに対して、こういう感じで構造を捉えたというのは、英断というか、坂倉さんだから成し得たことだ、と言えるかどうか、僕はよく分からないですけれど…。

H──近美の中庭で印象的なのは、展覧会のオープニングの時に、中庭で内覧会やイベントが行われてい

る。その時も閉じているわけではなくて、向こうを見れば平家池と周囲の緑が見えている。そこに独特の雰囲気があります。

F——求心性と遠心性と、両方がそこにあるということでしょうね。

H——人が歩くたびに風景が変わっていくことの面白さ、悦楽というか。

F——それは、先ほど述べたように、ドーシがコルビュジエから言われたことが坂倉さんの頭の中にもあったからではないかと思いますね。

H——それから、近美は戦後日本のある種の象徴として、つまり公の近代美術館としてはじめてここに誕生したことの意味が、この建物の形と相まって歴史を築いてきた、という感じがすごく強いのです。

F——それは同感ですね。つまり、普通我々がいろんな人の建物を語るとき、絶えず頭の中でイメージを再現しているのですが、この鎌倉の近美の場合はおそらく頭の中でイメージしやすいのですね。それだけ写真など色々なところで出てきているので、かなり多くの人の頭の中にそのイメージは吸収されていると思うのですが、この規模のものでイメージしやすい建築というのはあまり他になかったということが言える。一見簡明な建物ではあるけれど、先ほどの求心性、遠心性、その他複雑な解釈を可能にしてくれる空間体というのが見事に表現されているのではないかと思います。

H——周囲の環境を味方につける、という言い方で良いのかは分かりませんが、環境造形というか、前面に広がる平家池の水面に自然光が反射して、ピロティの軒裏に揺らめきが映るように、ある種の時が移ろう時間性を、白い建物が経験させてくれる装置としてあるわけですね。そこが素晴らしいと思います。

F——日本の建築家の感性みたいなものが象徴されている気がしますね。

H——それから、槇さんが繰り返し言われているように、近美のピロティの空間は、誰もがそこにいても良いと思えるパブリックな場所という意味でも非常に貴重だと思います。

F——大きなイベントの時には人が集まるし、ないときには孤独な静かな雰囲気を楽しめる。そういう所があそこにはちゃんとしつらえられている。

H——僕は、近美が美術に関する経験の仕方を決定的に変えたと思うのです。例えば、東京の上野恩賜公園には、前川さんの東京都美術館が出来るまで、岡田信一郎の設計した東京府美術館がドンとありましたよね。正面の大階段とクラシックな外観で、威厳のある、いわゆる美の神殿タイプの美術館でした。それに対して、近美は訪れた人がフラットにスッと入って、構えずにカジュアルに美術に接することができるような雰囲気を創り出しました。それがモダンという言葉の意味かもしれませんが、美術と私たちの関係性を、この美術館が変えてくれたような感じがする。

F——そういった意味でも、近美は、極めてパイオニア的な役割を戦後の日本で果たしていたということですね。

2015年9月8日、槇総合計画事務所にて

（まきふみひこ、建築家）
（まつくまひろし、建築史家、京都工芸繊維大学教授）

パリ万国博覧会日本館
南側外観とテラス
1937｜フランス、パリ

図版出典：Alfred Roth, *La Nouvelle Architecture,* Editions Girsberger, Zürich, 1940

坂倉準三のもとで
北村脩一

聞き手　松隈 洋

建設中の鎌倉館

松隈 洋（以下H）　北村さんは、1948年の4月に坂倉準三建築研究所（以下、坂倉事務所）に入られたのですね。東京美術学校を出られて十九歳の時に。今の若い学生たちに聞かせたい話ですね。

北村脩一（以下K）　私は事務所に入ってしばらくの間、この鎌倉の神奈川県立近代美術館（以下、近美）までは家具ばかりやっていました。今の低座椅子のほかいろいろさせていただきました。

H——建築の設計としては、そんなにたくさん仕事がなかったのですね。

K——仕事としては、日本橋の龍村織物東京支店の仕事などいくつかございました。鎌倉の近美で初めて本格的な建築をやらせてもらったので嬉しかったですね。

H——コンペの時のチームは。

K——辰野清隆君と私だけ。

H——辰野さんと北村さんのお二人だけでやられたのですか。作る時間がすごく短かったのではないですか。

K——1950年5月12日から始めて翌月の24日に提出していますから約六週間。非常に短いです。坂倉先生のメモにあるのですが、現地を見るのに5月16日にご一緒しています。駒田知彦さんと坂倉さんと坂倉さんの友人で写真家のフランシス・ハールさんとご一緒させていただきました。コンペに使った写真は、ハールさんが池の向こう側から撮ったもので、それを使ってモンタージュを作りました。

H——今日はコンペの時の図面のコピーをお持ちいただきましたが、配置図があって、一階の平面図などは、全部1/100で描かれているのですね。あと立面図、それから最後にハールさんの写真にモンタージュしたパース[本書40頁参照]ですね。提出物はこれだけだったのですか。

K——それと室内パースがあります。天井のルーバーで自然光を入れ、それから展示室のガラスの壁面を傾けて映り込みを防ぐということを提案としてさせていただきました。

H——僕たちは建物が出来た後しか知らないのですが、当時ここはどんな感じだったのですか。

K——八幡様の森があったので、それが馴染むように前に広がる平家池もまたテーマになった。

H——細かいことはコンペの要項には書いていなかったのですか。

K——それは全然読んだ記憶がないです。規模程度です。

H——構造も特に指定はなかったみたいですね。

K——坂倉先生は、パリ万博日本館（1937年）のイメージを持っておられたと思います。残していてくだされば良かったのですが、四角い中庭の絵が紙に描かれたものを渡されただけです。あとは全くフリー。

H——坂倉さんはコンペの段階でチェックはされたのですか。

K——チェックはしてくださいました。私どもが出した意見で、池に張り出すとかそういうものは、抵抗なく了解していただきました。

H——何か参考にしようと思った資料などはあったのですか。

K——私はやはりパリ万博日本館の印象があって、外壁にこのようなフレキシブルボード（繊維強化板）を使って、鉄骨で建物を支えるようにしました。

ちょうど中学の同級生がフレキシブルボードを作っている会社にアルバイトで勤めていて、そこにアメリカのジョンズ・マンビル社の強度のあるフレキシブルボードと同じような大判のものを作る所があると、紹介されました。

H——コンペの時はイメージだけだから良いのでしょうが、実際つくるとなると、具体的に何を使うかということに非常に苦労されたということですね。コンペは1950年ですから、まだ占領の時代で物もほとんど

壁面詳細

なくて困ったのだと思うのですが。

K——床にコルゲート鋼板（薄鋼板に波形の加工をしたもの）を使ったのは、当時東京駅の通路の天井やプラットホームの床板にコルゲート鋼板が型枠として使われているのを知って、私が先生にこれで軽量化できるのではないか、というお話をしたことはあります。

H——軽量化というのは、やはり材料をなるべく節約しながらということだったんですね。実施設計は、そんなに長い時間ではなかったのですね。

K——この図面のタイトルのテンプレートは、坂倉先生がフランスからお持ち帰りになったパンチングメタル（金属製のステンシルシート）というものです。これを使うのが嬉しくてね。また、明朝体の文字は書いたのではなくて鉛の活版用の活字で押して、タイトルを作りました。

H——パースには色がついていたのですか。

K——坂倉先生が自分から油絵具で塗って、原色写真みたいにしています。

H——当時色を使えずモノクロしかできないから手を入れてそういう風にしたのですか。

K——透視図の書き方も網膜透視という方法を使って、網膜透視ですとカメラの焦点距離と調整できてこのアングルが作れるわけです。このパースにモンタージュできるよう、ハールさんにカメラの焦点距離を教えてもらいました。

H——これよく見ると建物が池に映り込んでいるのですね。

K——その辺りは坂倉先生が一所懸命仕上げておられました。

H——オリジナルの図面が残っていれば、もっと素敵だったのですが、残念です。この描き方もコルビュジエに習っているのでしょうか。

K——図面に影を入れるというのは、かなり長い間やっていました。

H——普通はもっと変わるはずなのだけど、実際とほとんど変わらない姿で出来て、迷いがないというか、そのまま出来ているのですね。

K——コンペの時の案がそう変更なく実施に移ったというのは、稀な例ではないかと思います。

H——美術館側は、細かいことにはまだ詳しくなかったのかもしれないですね。

K——でも土方定一さん（1904-1980 美術史家、美術批評家。副館長を経て1965年、神奈川県立近代美術館2代目館長となる）や村田良策さん（1895-1970 美術史家。神奈川県立近代美術館初代館長）がおいでになれば、当然チェックは入ります。

H——どういう展示室にしようとか、自然光を入れようかとか、そういう打ち合わせも多少はされたのですか。

K——それはありませんでした。

H——今はなくなってしまっていますが、出来た時はギザギザのガラス屋根のトップライトがありましたね。あれは、どこからアイデアが出てきたのですか。

K——天井に散光ルーバーを使うのは、駒田知彦さんの東京大学の同級生で小木曽定彰さん（1913-1981 建築家、日本大学生産工学部教授）という照明の専門の方のご意見を入れました。

H——自然光を入れようという発想もすごく新しいですよね。

K——トップライトは立体トラス（ピン接合の部材同士を三角形に組んだ骨組の構造物）、鉄骨の構造の理由で山型の立体トラスを利用してやりました。これをやっている時に途中で坂倉先生にPC（プレキャストコンクリート）板で凹凸を交互に並べることを提案しましたが、その案は分かるけれど当選することが前提だから、PC板でやるのではなくて、鉄骨の立体トラスで屋根を構成し、一部をガラス屋根として自然光を入れようとしたのです。ルーバー（開口部に羽板を組んで取り付けたもの）もまだ日本ではなかったですが、

屋根 立体トラス構造
1951年

散光ルーバーと
展示ケースのガラス
1951年

小木曽さんのアドバイスで内部に蛍光灯を入れることにしました。
H──僕らは自然光の状態を知らないのですが、展示室がいかに自然光で綺麗だったかを覚えておられるのでしょう。
K──いつなくなったのかな。三角形の立体トラスを使ったというのは、経済的な問題です。今では、こういうディテールはコスト的に高くなりますけど、あの頃は経済的に一番合理的でした。
H──先端のシャープさは独特ですよね。
K──その辺は、やはり坂倉さんはデザインの曖昧さを嫌われ、きちっとしなさいとよく言われました。
H──削れるものを削って、ギリギリの綺麗なプロポーションで見せようということだったのですかね。
K──立体だったからできたのです。そういう意味では構造的にも合理的になったのではないかと思います。
　いわゆるデッキプレート（強度を増すために、大きな角波形にした鋼板）を使ってやるとか、そういう風なものの集大成がこういう形になったと思います。しかし、他にトレースするものがなくて、よくこのようなことをやったなと今は思っています。その頃は夢中になってやっていたのです。

H──前例がない中で考えつかれたというのは素晴らしいことだと思います。
K──美術館のそういう本はなくて、美術館の採光についての教科書みたいなものがあっただけですね。
H──全て自分たちでアイデアを実現していかなければならなかった。
K──本当に手探りの結果だと思います。展示室のケースのガラス面が垂直ではなくて斜めになっているというのは、たまたま坂倉事務所にあったフランスのガラスメーカー、サンゴバンのカタログに曲面のものがありましたが、当時の日本の技術では出来なかったから斜めで折っています。
H──要するにガラス面がまっすぐだと観客が映り込んでしまうから、とにかく新しいアイデアを探り出して、でも迷いなくというか…。
K──わりと抵抗なく物を作って先生に出して、スムーズに動きました。鉄骨の柱を使うのも先生がパリで使ってらっしゃるから、それは問題がないのです。池の上に出すというのも、桂離宮でも日本の造形としてはあるもので、そういうのをミックスしました。
H──浮かせようというアイデアはパリ万博日本館にも原型があったし、もちろんここは湿気が多いからテラスを上にあげようという発想があったのでしょうね。

　それから今でも新鮮に思うのは、一階の壁に大谷石を使っているところですが、あのルーツはどこにあるのですか。
K──大谷石（宇都宮市大谷町付近でとれる凝灰岩（ぎょうかいがん）の石材）は戦前から坂倉さんが大谷に行かれたり、日本橋にあった龍村織物の東京支店でも使われていました。私もこういう素材が好きなものですから。
H──鉄骨とかフレキシブルボードとか新しい材料も使うけれども、素朴な大谷石も使うということもやられていたわけですよね。
　坂倉さんはスケッチをされる方だったのですか。それとも口でサジェッションして結論を出していく方でしょうか。
K──あまりスケッチはなさることないですね。我々が描いた机の上の図面が翌朝行くと訂正されているということがよくありました。それを描き直して、また見ていただくわけです。
　坂倉さんはシャルロット・ペリアン（1903-1999 フランスの建築家、デザイナー。ル・コルビュジエの下での坂倉準三の同僚）の影響もあって、カーブには非常にうるさかったです。

一階の階段の手摺り

H──二階から下に降りてくる階段にはシャープな手摺りがありますよね。

K──あれなども坂倉さんの実施設計の時のデザインではなかったかと思います。

H──坂倉さんが描いた曲線の感じ。ほかの建築家では、なかなかあのような綺麗な曲線は出てこないと思います。

K──この図面にある、はまぐり型のテーブル。これは坂倉さんのおにぎりテーブルの原型です。このはまぐり型のテーブルですとか、ご自分用の机でペリアンモデルのものでもカーブは再三訂正されますね。

H──もう少しこうしようとかいう事をかなり具体的に訂正されるのですか。

K──プランについてもかなり修正をされます。修正されてその通りにやると逆に怒られて「君は現場にいるのだから、おかしいと思ったら直さないといけない」とよく言われました。

H──つまり自分の言った通りにやるのではなくて、コミュニケーションをとっていい答えを導き出していくということなのですね。

K──それは後々まで言われましたね。

H──イエスマンではなくてということですよね。君は現場にいるのでこの事もよく知っているのだから、君なりの提案をして直すということをしなければ駄目だということなのでしょう。

出来上がった後に坂倉さんはこの建物について何かお話はされたのですか。自慢とか良く出来たとか、あまり聞いたことはないですか。

K──このコンペの時に坂倉が入ったということは私も嬉しかったのですけど、後で審査員長だった吉田五十八先生（1894-1974　建築家、東京藝術大学教授。数寄屋建築を独自に近代化した）に「君、あれは坂倉が良かったのではなくて、これも駄目これも駄目で最後に浮かんだのが坂倉の案だったのだよ」と、そういう言われ方をしました。

H──ほかの案が実現の可能性が難しいということもあったのでしょう。坂倉さんの案が一番合理的でコンパクトであったことが当選した大きな理由の一つだったそうですね。

坂倉さんの戦後にとって、ものすごく大事な建物ですよね。このコンペに通ったということは。

K──こう言ってはなんですけれど、このコンペがなかったら今の坂倉はなかったかもしれないくらいです。

H──おそらく社会情勢の厳しい頃で、事務所がどうなるかという状況だったのですね。

K──その頃は前川國男さん（1905-1986　建築家、ル・コルビュジエ、アントニン・レーモンドの下で働く）もみんなも同じだったのではないかと思います。

H──僕たちはその後の豊かな時代に育ったわけですけれど、当時は本当に大変な時代だったでしょう。辰野さんでしたか、もう腹ペコだって書いておられましたね。

1955年11月にコルビュジエが来日して、坂倉さんがここに連れてくるのですが、その時には北村さんはご一緒していないのですか。コルビュジエがどういう風にここを見たのかというのは、とても関心があるのですが…。

K──私はコンペが終わって別の計画に関わっておりました。坂倉先生はメンバーチェンジをよくされる方なのです。

H──現場は駒田さんがお一人でやられたのですね。駒田さんは鎌倉に住んでおられたようですが、当時は建設の事情も厳しかったから作るのも大変だったでしょうね。

K──構造的なことは吉村健二さんがやっておられました。

H──北村さんご自身は、このコンペからやられて、出来上がって初めて訪れた時の印象はどのような感じ

鏡のように木々が映り込んでいる外壁 1951年

ピロティ一階テラス

でしたか。感慨があったと思うのですが。いや、今も変わらない印象なのかもしれないですが…。

K──そういう意味では、ああ出来たなという感じですね。使われている素材それ自身も私は好きだし、中庭の空間というのもこういう事で良かったというような。

H──それから先ほどお話しされた外壁のフレキシブルボードもそうだし、ボードを留めるアルミのジョイナーもほとんど手作りというか手探りでやられたんですね。

K──自分でスケッチを描いて…。

H──アルミの押し出しなども住友金属の技術者とやりとりもできたので、みんなで手作りして考えてやっていたということですね。

ところで、元々外壁はもっと輝いていたのですよね。

K──当時掲載された『建築文化』では、鏡のような感じでした。

H──竣工当時は印象がすごかったでしょうね。それから六十四年が経ちましたが、どうですか。

K──六十四年経って、まだ存在しているというのは嬉しいですね。

H──訪れた人々がこのテラスで佇んでいる風景がなかなか素敵ですよね。

K──このピロティ（一階を柱だけ残して吹きさらしにしておく建築様式）というのも、やはり最初のイメージ通り生きているなと思います。

H──ところで、配置図でいくつか謎があって、一つはこの建物の向きをどうやって決めたのでしょうか。参道とも表の道とも違う。

K──これはあくまで池の前面の道路に平行に…。

H──つまり池の向こう側の道路と平行に美術館の南の外観が正対しているようにしようということだったのですか。

K──建物に池の映り込みが素直になるように。

H──当時の図面を見ると今できたものだけではなくて増築みたいなプランが点線で描いてありますけれど、これは。

K──これはコルビュジエがやっている無限成長美術館のアイデアをいただきまして、将来、拡張できるようにしました。二階からアプローチするようなことで、二階の平面図ではそこのところだけ展示ケースが抜いてある。拡張部分はオーディトリアム（講堂）を作るとか色々なことを考えていました。

H──元々のものがコンパクトなので、将来的にはこれでは足りなくなるだろうということを予想していたのでしょうね。

K──そういったことも坂倉先生は容認されていました。坂倉さんはやはりパリ万博日本館と合わせてこれをイメージされていたと思います。

H──僕たちが意外に思っているのは、参道側ではなくて県道側から入るではないですか、そちらを正面にした理由というのは、何か大きくあったのですか。

K──要するに鎌倉街道がメインストリートなのですよ。

H──しかし、少し斜めにずれている、そういうことも考えておられたのですね。そうするとこのパースに出てくるアプローチのところ。真っ直ぐ入るのではなくて、少し斜めから入るようになっているのですね。今では車が沢山通っているけれど、やはり北鎌倉に抜ける道だから、そちらから入るのが正面アプローチだと考えたんですね。

K──北鎌倉からの街道に面して建物はありますけど、建物を斜に構えて入っていく発想は、桂離宮の古書院の御輿寄(おこしよせ)（玄関口）のアプローチを参考としています。この建物も表の方の道に対して平行であったのは、そういう佇まいを構えている。

H──いわゆる中世の遺構である八幡宮ではなくて

池のI鋼柱

開館当時の中庭
北側壁面にスクリーンが設置されている

いうことですね。
K――鎌倉の道からアプローチしていただくと。
H――イサム・ノグチの彫刻は美術館ができた時にはまだなかったのですか。
K――ノグチの彫刻は後からです。
H――一番初めの中庭の敷石が斜めなのは、日本庭園とか何かイメージがあったのですか。
K――そこも桂離宮の古書院の御輿寄のアプローチをイメージしました。だからこのピロティの柱は、桂離宮の柱をイメージしています。
H――自然石を池のI鋼柱の根元に巻くみたいなアイデアが面白いと思うのですが、そういうのも桂というのがどこかに意識されていたのですか。
K――意識はございました。
H――それは現場をやるときに皆さんで思いついたのですか。それとも、コンペの時から入っていたのでしょうか。
K――コンペの時にもう池の中に石がありました。前川さんの場合は、池の中にピロティが入っている、あれと同じようなもの。ただこちらの方は鉄骨でもって浮かせている。やはりこの中の池を意識したのではないかと思います。自画自賛ではないけれど、今となっては正解だったと思います。

H――あと、この自然光の照り返しが良いですね。水面の揺らぎが軒下の天井に映り込むことは、どこまで意識されていたのですか。
K――水の波紋を我々は意識していました。私も他の仕事で池の波紋を部屋の中に入れるのをやっていますが、この波紋というのは空間的には大事だと思います。
H――それから、中庭にスクリーンで何かを映写しようというアイデアもあったようですね。
K――これは一階がある程度オープンで皆さんがお使いになって、中庭で色々な美術館制作の映画などを上映してご覧になれるようスクリーンの設置などを提案しました。
H――折角ここに白い壁があるのだからここに何かを映して皆で見るという感じを作ろうよという。
K――あれは当初からこの中庭に席を作って鑑賞できるようにということで。
H――当初は一階のピロティとかテラスは特に入場料がどうのではなくて、フリーに入ってこられるようになっていたとか。
　ところで、「清潔な納まり」というキーワードがありますね。構成ということ、つまり、柱とか大谷石とかいろんなものを組み合わせるのだけれど、それが必ず自立している。柱が隠れていなくて、きちんと柱は柱で見せるという考え方が徹底されていますね。
K――坂倉先生はそこを非常に大事にされていました。「襟元を綺麗にしなさい」という言い方をされました。ですから壁と天井の納まりですとか、異種のものがぶつかるところの端々が綺麗に納まるように、目地をどうするかなどを、かなり大事にされました。
H――一つ一つのぶつかるところを、きちんとそれぞれのエンド、端部が見えるような…。
K――それぞれが主張するように。
H――I鋼柱の内側に色を塗るということもかなり意識されたのですか。
K――そこはやはり、コルビュジエの影響を受けています。原色がお好きでしたからね。
H――面の構成で物事を見せるというやり方ですかね。手摺りも拘っておられて、この後の国際文化会館（1955年）でも同じような形のプレキャストの手摺です。
K――これは日仏学院（1951年）でもやっています。
H――難しいことはしていないのだけれど、一つ一つの形がシャープで綺麗ですね。
K――そういうディテールに拘られるのは坂倉先生ぐらいですね。だからこの大谷石の積み方にしても、イモ目地（縦横共に一直線に通っている目地）でなく破れ目地（垂直方向が一つ置きに食い違っている目地）

開館当時の館長室
館長机 応接用はまぐり型テーブルと
安楽椅子

一階大谷石積壁のガラスブロック

とか。この大版の貼り方も破れ目地になっていますでしょう。あれもうるさく言われています。

H──大谷石の壁のブレース（筋交い）が入っていないところに小さなガラスブロックを入れて明かりを通すというのは素敵な解決という感じです。

K──入所してから家具をずっとやっていて、いつから建築をやれるのかなと思っていました。

H──北村さんにとっても初めて本格的な建築に最初から関わられたという喜びがあったのですね。それはむしろ坂倉さん本人もそうだったということですよね。戦前から戦後に入ってやっとそういう仕事に取り組むことができたという喜びが伝わってきます。

K──私の原点という感じがします。事務所に入って二年近く家具をやらせていただいたということは今もプラスになっています。自分でやった建物について今も家具を自分で設計したいと思いますし、設計してやっています。

H──家具という構成の中に坂倉さんの大事にされている方法が入っているのですね。

K──椅子の脚のカーブでも全部チェックが入りました。円カーブの連続ではなくて円を二重にさせるとか、その時代に叩き込まれました。日仏学院を担当された村田豊さんも家具がお好きで、なかなか面白いアイデアを出される。そういう方に学べたということは、有難いと思います。

前川さんの場合は水之江忠臣さんが家具専門でしょう。坂倉では私どもがやった後は長大作（1921-2014）さんが家具を担当された。その前段をやらせていただいたことは、私としては嬉しいことでした。

H──長さんや水之江さんみたいに家具の専門家が特化する以前は、所員みんなが必ず家具をやっていた。

K──はい、坂倉事務所の中には家具の木工場がありました。そこに戦後外地から引き上げられた内野さんという方がおられまして、その方がバンド・ソーとかプレーナーを使って事務所でデザインしたものを試作してくれました。その頃色々竹製の家具の試作や、静岡県の島田に坂倉先生と森昌也様とで創設された三保建築工芸で作られた竹工品の竹座を利用して、バーチェアーやワードローブなど各種の家具が生まれました。このように、坂倉さんは建築以外に活躍の場を持とうとされていたようです。

H──素材から製品になるまでを家具というものでずっと経験されて、それを大きな建築でも同じような考え方で設計を進めるという方法なのですね。そこがすごく素敵な話に聞こえます。

K──今みたいに分業でやっているのではなくて一から十までやりました。素材というもの、例えば、石一つでも原石を見に行く。今みたいにカタログの世界ではないですから。

H──お話を伺っていると、今できていないことが、当時できたことの素敵さみたいなことを感じます。迷いはないし、求めているものはすごく遠くを見ているという感じですよね。六十四年の間この建物が新鮮であり続けている理由は、その辺りにあるような気がします。

K──そう言っていただけると有難いです。我々は鉛筆書きのデッサンから出来上がるまで全部一貫してやらせてもらっていました。今みたいにコンピューターで数字だけでデザインするのではなく、図面も手で描いて一分五厘まで全部自分で原寸を描いて確かめるまでしてきました。坂倉さんは原寸を非常に尊重されておられました。だから、今、坂倉先生がご存命だったら、今の建築の作り方には、嘆かれることと思います。

H──原寸のリアリティに支えられているから、この建物がいつも新しく見えるのではないかなと思います。細い柱で宙に浮く白い箱というのは、この場所の風景を非常に変えましたね。

K──私は風景を変えたとは思っていません。風景に馴染み込んでいる。風景を変えることは、坂倉事務所

の他の仕事でもおそらくやっていない。いかにその土地に昔からあるような形にするかということに主眼を置くわけです。置き換えるだけです。かつてここに植物があったわけです。それをこういう美術館に置き換えた場合、昔からそこにあるような形をどう維持するかということです。

H──中立的というのか中性的というのか、建築自身が主張しているのではなくてですね。

K──そこに馴染み込んでいるというか、昔からあるみたいな。

H──北村さんはこの場所にこの建物がない風景を知っておられる。僕らはこの建物があることが当たり前だと思っているので、不動の場所だという感じがしています。この建物がないこの場所のイメージというのが僕らには全然思い浮かばない。逆にそのぐらいここに必然のようにあるという感じです。

K──おそらく坂倉先生もそういう意識であられたと思います。

H──それが初めて描かれたロの字のスケッチ一枚から出来てきたというのも、すごい事ですね。

K──坂倉先生の思いが、私がお手伝いしたことと共鳴してこの姿になったということだと思います。

H──こういうのは面白いですね。やった方々が初めてチームを組んで、誰がどこまでという事ではなくて、みんなが化学反応みたいなものを起こして、この建物が出来たという感じがします。僕がやった、ここをやったという感じではなくて、みんなが同じものを目指していたという感じがしますね。

K──その頃の前川先生はどういう風にやっておられたのですか。

H──坂倉さんとはライバル関係だったので、これを坂倉さんにとられたのが相当悔しかったみたいで、この建物の三年後に神奈川県立音楽堂では、今度は前川さんが一等を取って完成させます。内山岩太郎さん（うちやまいわたろう）（1890-1971　神奈川県知事を1946年から二十年務める）がこういう計画をなさったということが一番中心にあります。

K──敗戦後の日本の荒廃している時代に文化的なもので人々の気持ちを奮い起こさせる、そういう意味で非常に良いものでした。

H──とても思いつかない時代ですからね。食うや食わずの時代に何で美術館なんかいるのだという時代だったと思うのですが。

K──村田良策先生や美術館の関係の方が盛り上げたのでしょう。吉田五十八先生だとか村田先生といった方が鎌倉に働きかけられたのではないでしょうか。

H──戦後の出発点の、一番大事なみんなの心というか、そういうものがここに結集されて出来たのだなという感じがします。今年でこの近美が節目を迎えるのですけど、今、振り返ってみてこの建物をどんな風にご覧になっていますか。

K──六十四年過ぎているということを言われても、全然考えつかないですね。

H──逆に言うと変わっていないということですね。

K──全然変わっていないです。だから、まだこれからも存続していただければと思います。この建物はまだ十年、二十年とあり続けると思います。そういう時代に耐えていく建物だと思います。

H──先輩格の桂離宮もあることだし、これもそれに続くぐらいのものだと思います。

K──ここで使われている素材は歴史に耐えるものでしょう。宇都宮の大谷の方に行かれると、この大谷石がそこかしこにあります。瓦まで大谷石でやっている。それと同じような形で、大谷石で支えられている建物は、永遠に使っていただけると思います。県の方々、皆さんにそうお願いしたいと思っております。

H──大切な建物だということを皆さんに知っていただければ良いですね。ここに来ればここでしかない経験を誰もが味わうことができます。

K──ここに昔からあった建物だから大事にしようと。置いた建物ではなく、この土地から生えた建物だという意識を皆さんに持っていただけると有難いと思います。

2015年9月10日、鎌倉館にて

（きたむら なおかず　建築家、元・坂倉準三建築研究所所員）

Promenade I
Photography by Ryota Atarashi

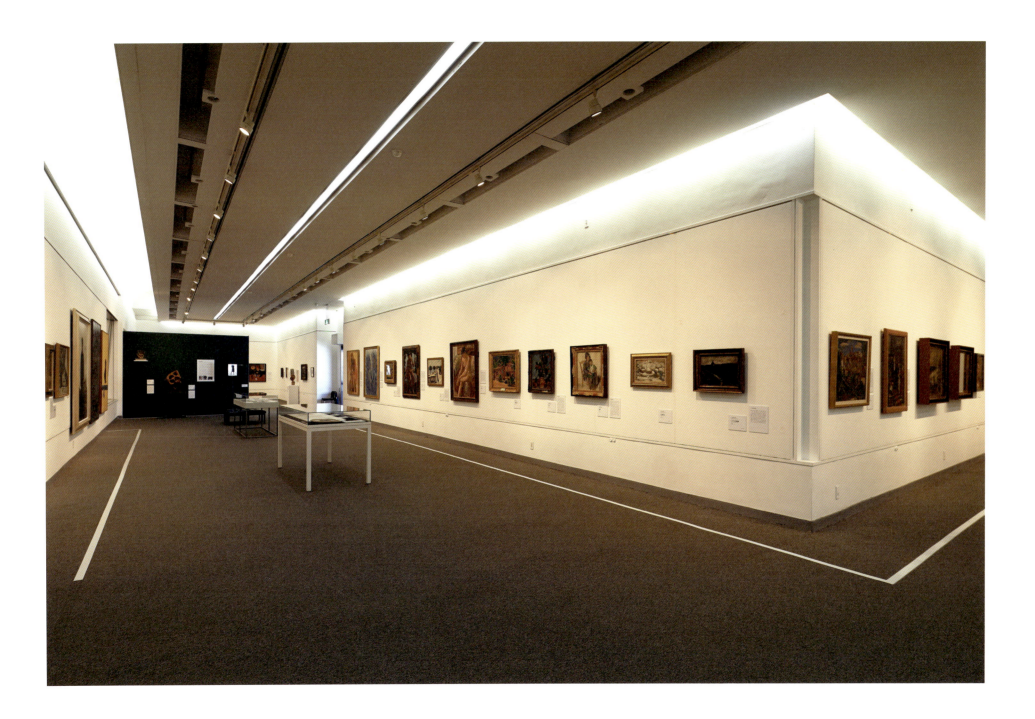

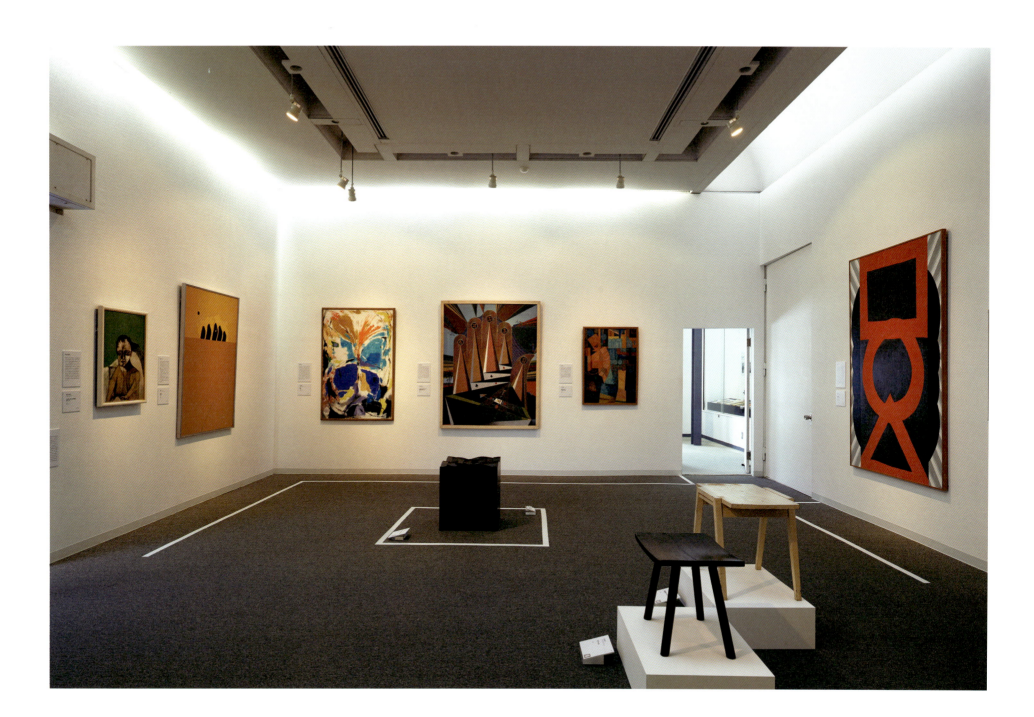

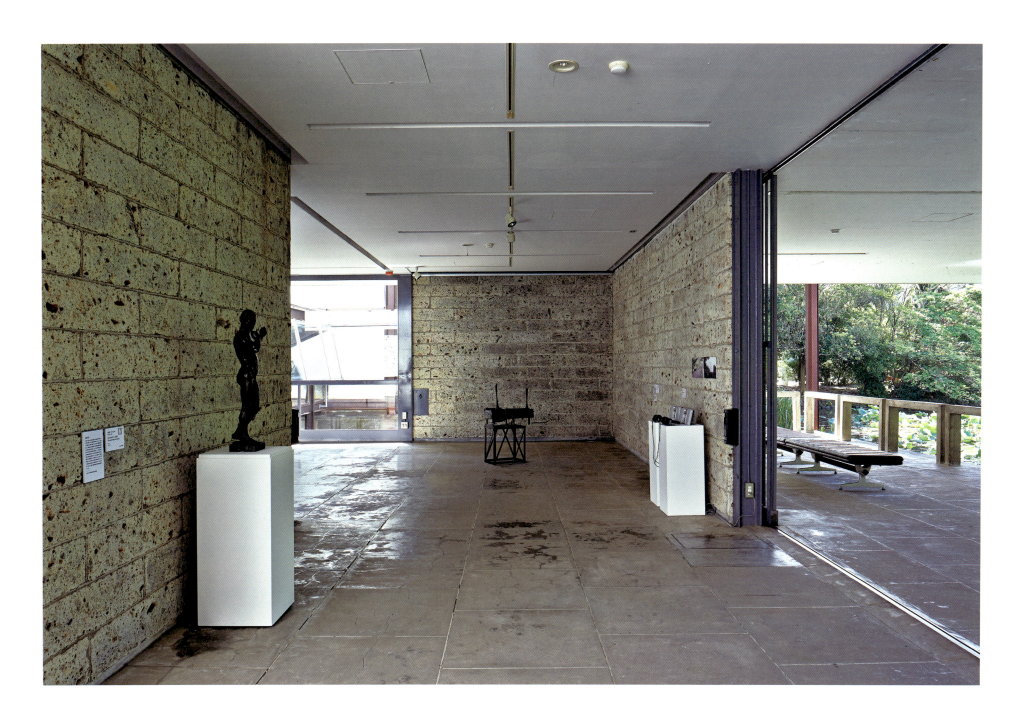

撮影　新 良太
2015 年

Photography by Ryota Atarashi, 2015

04	平家池からのぞむ鎌倉館　夕景
	Evening view over the Heike Pond of the Kamakura Museum
22	鶴岡八幡宮と鎌倉館をのぞむ
	View of the entry promenade to Tsurugaoka Hachimangu and the Kamakura Museum
23	西側正面入口
	Frontal view of the western entrance façade
24	階段を上り2階入口へ
	Coming up the entry staircase to arrive at the entrance on the 2nd floor
25	第1展示室　「鎌倉からはじまった。1951－2016 PART 3」展示風景
	Gallery 1, Exhibition view of *All Begun in Kamakura 1951－2016, Part 3*
26	2階のテラスより中庭のイサム・ノグチ《こけし》を見下ろす
	View of the courtyard from the terrace on the 2nd floor, overlooking *Kokeshis* by Isamu Noguchi
27	中3階にいたる階段　左奥の喫茶室に、田中 岑の壁画《女の一生》が見える
	A staircase to mezzanine floor. Far back in the Tea Room, the wall painting *Life of Woman* by Takashi Tanaka is seen
28	第2展示室　「鎌倉からはじまった。1951－2016 PART 3」展示風景
	Gallery 2, Exhibition view of *All Begun in Kamakura 1951－2016, Part 3*
29	階段を降りると平家池をのぞむ1階テラスにいたる
	Coming down the stair, opens up the view of the 1st floor Terrace in the pilotis space and the Heike Pond
30	1階彫刻室からテラスを見る
	View of the Terrace from the Sculpture Gallery on the 1st floor
31	1階彫刻室　「鎌倉からはじまった。1951－2016 PART 2」展示風景
	Sculpture Gallery on the 1st floor, Exhibition view of *All Begun in Kamakura 1951－2016, Part 2*
50	旧館と新館をつなぐ渡り廊下
	Corridor passage connecting the Main Building and the New Wing
50	新館とアントニー・ゴームリー《Insider VII》
	View of the sculpture *Insider VII* by Antony Gormley in a space between the Main Building and the New Wing
51	新館　北西側外観　手前に中島幹夫《軌09》
	Oblique northwestern view of the New Wing, *Orbit 09* by Mikio Nakajima is seen in front

鎌倉美術館コンペティション
コンペ提出図面について

解説　北村紀史［N.K.］

KM2476 を除く、KM2470 から KM2477 は、原図からの複写写真である。　撮影：北村脩一

実施設計図面について

解説　萬代恭博［Y.M.］

Invitational Competition of The Museum of Modern Art, Kamakura
Drawings of Junzo Sakakura's Competition Proposal

The invitational competition of The Museum of Modern Art, Kamakura was held by Kanagawa Prefecture. The five competition invitees who were Junzo Sakakura, Kunio Mayekawa, Yoshiro Taniguchi, Toshiro Yamashita and Junzo Yoshimura were briefed in early May 1950, and the deadline for the submission of design proposals was set at the end of June, 1950. Junzo Sakakura was the winner of the competition. His submitted design proposal was kept intact without almost any change and converted to actual working drawings for construction. In this way, it gave birth to a new and the first Japanese dedicated 'Modern Art Museum' in this historic city of Kamakura in 1951.

Text by Noribumi Kitamura [N.K.]

All the drawings from KM2470 to KM2477 except for KM2476 are photographic copies made from the original drawings.
Photography by Naokazu Kitamura

Working Drawings

A collection consists of architectural design drawings, working drawings, and detail drawings, prepared in a short period of time until Octorber 1950 after winning the competition. This collection also includes supplementary detail drawings provided during construction period.

Text by Yasuhiro Mandai [Y.M.]

鎌倉美術館コンペティション コンペ提出図面について
Invitational Competition of Museum of The Modern Art, Kamakura, Drawings of Junzo Sakakura's Competition Proposal

鎌倉美術館の指名コンペは1950年5月初めに参加者への説明会が行われ、坂倉準三の応募案は、6月24日に提出された。前川國男、谷口吉郎、山下寿郎、吉村順三、坂倉準三が参加したコンペで、入選した坂倉準三の応募案は、ほぼそのままの形で実施案としてまとめられ、翌1951年、鎌倉の地に「新しい美術館」として誕生した。p.34-41の解説の用語はコンペティション設計趣旨(p.60-61)の用語に基づく。

KM 2470

配置図
Site Plan

1:500｜写真｜1950年｜
モノクロ印画紙・プリント｜115×160｜
文化庁国立近現代建築資料館

鎌倉館は鶴岡八幡宮内の鬱蒼とした木立に囲まれた平家池の畔に「伝統的日本建築の新しい姿」として計画された。周囲の自然が荒らされないように、人々が集まる空間を内側に取り込んだ「高床中庭式建築」となっている。外部の動線で、来館者は県道側の玄関へ桂離宮古書院御輿寄のように斜めに導かれる。点線で描かれた増築案からはル・コルビュジエの無限成長美術館の増殖に通じる意図を読み取ることができる。[N.K.]

1:500｜Photograph｜1950｜Printed on Photographic Paper in Monochrome｜115×160｜
National Archives of Modern Architecture, Agency for Cultural Affairs

The museum was set inside the compound of a historical Shinto shrine established in 1063, Tsurugaoka Hachimangu, on a tranquil site facing the Heike Pond surrounded by a dense grove, to establish what would be conceived as a 'new form of Japanese traditional architecture.' Intended to minimize a possible unwarranted interference and disturbance from wandering people in the surrounding natural environment, Sakakura devised a design to induce the visitors to gather inwardly and spatially internalizing by raising the museum with pilotis, to form a building type of 'raised floor courtyard style.' The obliquely placed promenade offered an entry sequence starting from Kanagawa Prefectural Road through the compound and leading to the museum entry point was designed in reference to the sublime site design details found at the celebrated Katsura Imperial Villa in Kyoto.

From the portion drawn in dotted lines indicating a possible future addition, it might be discerned that Sakakura, in his design concept, paid a respectful homage to the notion of a Museum of Unlimited Growth, a manifesto idea presented in 1939 by his maestro Le Corbusier. [N.K.]

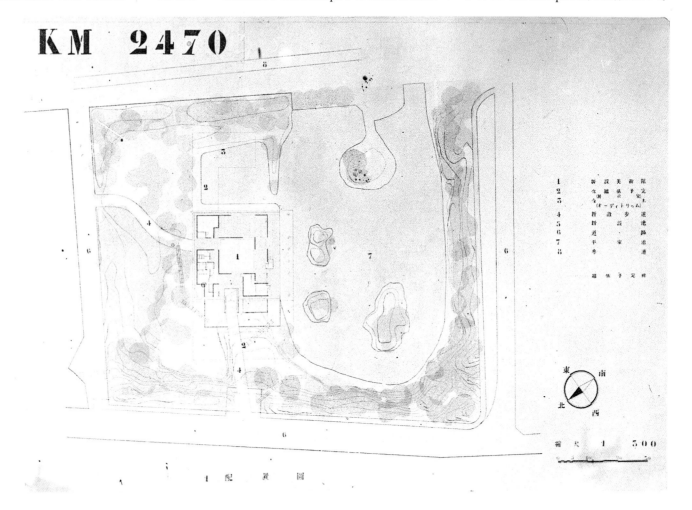

KM 2471

1階平面図
First Floor Plan

1:100 | 写真 | 1950年 |
モノクロ印画紙・プリント | 115×160 |
文化庁国立近現代建築資料館

主要な展示室は正面入口階段を上った2階となる。1階は中庭を中心としたピロティとなっており、「ロの字」型平面である。池に面した南と東の2辺には半屋外の展示空間である彫刻室が、北と西の2辺には館長室や図書室、事務室、機械室などの諸室が配されている。ピロティは大谷石積の壁で構成され、平家池に面してはI型鋼の列柱による開放的な空間が設けられ、「空間的な変化を与え楽しく見て廻れる」観覧者の動線が生み出されている。
[N.K.]

1:100 | Photograph | 1950 | Printed on Photographic Paper in Monochrome | 115×160 |
National Archives of Modern Architecture, Agency for Cultural Affairs

While the main exhibition gallery, accessed through the frontal entry staircase, was located on the 2nd floor, the central courtyard in a square donut plan with pilotis was provided on the 1st floor. The southern 2 sides facing the Heike Pond provided 2 sided spacious sculpture galleries, and the north and western sides accommodated such functions as the Director's office, library, general office space and mechanical room, etc. The sculpture galleries were composed with the pilotis and the Oya-ishi, or Japanese tufa, stone walls. Facing the pond, the area offered a colonnade of steel I-beam columns, creating an expansive space toward the Heike Pond which, in turn, afforded the visitor 'to savor the spatial changes' as proceeding through the promenade.
[N.K.]

KM 2472

2階平面図
Second Floor Plan

1:100｜写真｜1950年｜
モノクロ印画紙・プリント｜115×160｜
文化庁国立近現代建築資料館

2階は「ロの字」型平面の3辺に展示室が、平家池に面する南側の1辺に彫刻室、喫茶室、貴賓室、クラブ室が配されている。設計趣旨に「人々に親しまれるもっと社会性の多い有機的な機能をもつ」と記されているが、諸室や中庭に計画された映写幕など、展示にとどまらない「交流のセンター」の役割が想定されている。また、東側壁面の展示ケースが描き込まれていない部分からは、将来の増築のために想定した開口の位置を読み取ることができる。[N.K.]

1:100 | Photograph | 1950 | Printed on Photographic Paper in Monochrome | 115×160 |
National Archives of Modern Architecture, Agency for Cultural Affairs

While the 3 sides around the central courtyard in a square donut plan on the 2nd floor provided the linear gallery spaces in enfilade, the south side directly facing the Heike Pond accommodated such rooms as the sculpture gallery, café, VIP room and club gathering room.
　Sakakura had noted his design intent as, "possessing multifaceted organic functions that would delight people in facilitating high sociability," accordingly, he stipulated the museum to go beyond merely showing exhibits, but by the provision of a variety of rooms, a plan for a movie projection screen on the courtyard wall surface and so forth, to encourage the museum to assume such a role as becoming a 'center for interaction and exchange.' Incidentally, discerning from the fact that the exhibit display cases were not drawn-in along the eastern end wall in the exhibition gallery, it connoted that it was indeed kept free as an opening designate for a possible future expansion. [N.K.]

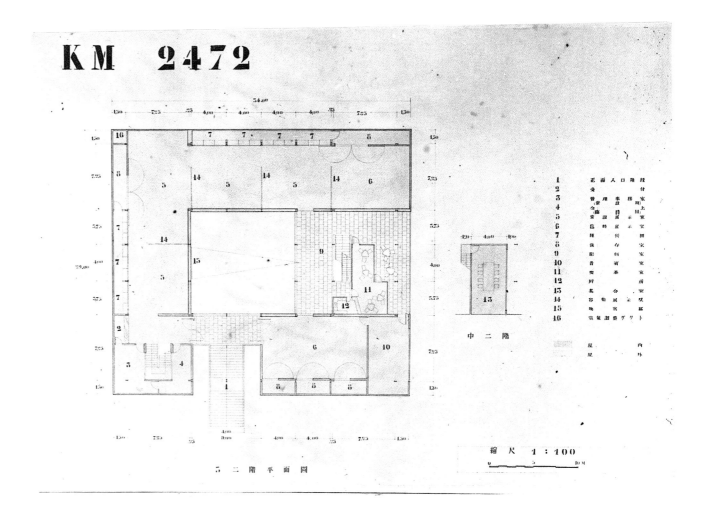

KM 2473

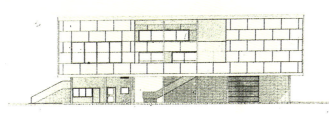

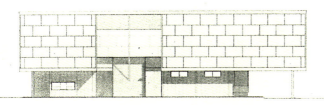

KM 2473

南側立面図・西側立面図
Southern and Western Elevation Drawings

1:100 | 写真 | 1950年 |
モノクロ印画紙・プリント | 115×160 |
個人蔵

ピロティにより浮き上がった外壁面による造形は、周囲の環境との調和が意図されている。鎌倉の市街から見て正面にあたる南側立面には平家池に乗り出した2階の大きな吹き放ちの開口とピロティのI型鋼の列柱が見られる。アプローチに面する西側立面には外部吹き抜けの中を上る入口階段が描かれている。上階を持ち上げる大谷石積の壁で構成されたピロティと外壁面の大きな開口から中庭を透視する造形は景観に奥行きを与えている。[N.K.]

1:100 | Photograph | 1950 | Printed on Photographic Paper in Monochrome | 115×160 |
Private Collection

The elevational composition, of the floating upper exterior walls over the pilotis delineating the external appearance of the museum, was intended to be harmonious with the surrounding environment. Frontally oriented from the Kamakura city side, the southern elevation of the museum that seemed like almost cantilevered over the Heike Pond with a large external opening on the 2nd floor wall, was supported, in part, by the pilotis in colonnade of steel I-beam columns.

The western elevation that faced the entry promenade presented an open atrium with the staircase ushering up to the 2nd FL entrance of the museum. The Oya-ishi stone walls bearing the upper floors and the pilotis in an array of steel I-beam columns defined a kind of perspectival space with a large opening that revealed the courtyard in the backdrop by which awarding a certain depth to the entire scenery. [N.K.]

KM 2474

北側立面図・東側立面図
Northern and Eastern Elevation Drawings

1:100 ｜ 写真 ｜ 1950年 ｜
モノクロ印画紙・プリント ｜ 115×160 ｜
個人蔵

北側と東側の2階は共に展示室であるため開口をもたない。1階の北側には搬出入のための開口が、鶴岡八幡宮の参道に面する東側には彫刻室が見られる。自然との調和を意図し、素地を生かした材料として1階には大谷石が、2階外壁にはアルミ押出の目地金物で押えられた繊維強化板が使われている。外壁面は坂倉準三が好んだ馬乗り目地で構成され、各部の寸法に仕組まれた黄金比が端正なプロポーションを創り出している。[N.K.]

1:100 | Photograph | 1950 | Printed on Photographic Paper in Monochrome | 115×160 |
Private Collection

The 2nd floor elevations of both the northern and eastern sides provided no fenestration openings since the gallery spaces were behind the walls. While the 1st floor elevation of the northern side provided an opening for the passage connecting the garden and the courtyard, the 1st floor elevation of the eastern side that faced the shrine entry promenade to the Tsurugaoka Hachimangu provided a side view of the pilotis in the sculpture gallery space. With an intent to be harmonious to the surrounding nature, a Japanese indigenous stone, the Oya-ishi was selected as the material for the stone walls on the 1st floor. Conversely, for the exterior walls of the 2nd floor, the made-to-order aluminum base brackets and joints holding the fire resistant fiber reinforced (asbestos) boards were selected as the surface materials. The staggering joints, which were favored by Junzo Sakakura, were applied on the exterior walls, while his design incorporated the golden section in the dimensions of various materials and components to generate an overall immaculate proportion. [N.K.]

KM 2475

東西断面図・南北断面図
East-West Section and South-North Section Drawings

1:100 ｜ 写真 ｜ 1950年 ｜
モノクロ印画紙・プリント ｜ 115×160 ｜
個人蔵

美術館の特徴となる室内・室外の関係が明快に表現されており、東西断面には中庭越しに空を透視する正面入口階段が、南北断面には池から中庭を介して北側へ抜けるピロティが開放的な空間として描かれている。断面図からはガラス屋根や散光ルーバー、陳列棚の傾斜ガラス、中庭の映写幕など、展示空間の諸設備や、1階の鉄骨筋交入り大谷石積の壁と2階の三角トラスの床、小屋組みによる耐震計画など様々な技術的な工夫を読み取ることができる。［N.K.］

1:100 ｜ Photograph ｜ 1950 ｜ Printed on Photographic Paper in Monochrome ｜ 115×160 ｜
Private Collection

A spatial and architectural relation between the inner and outer spaces of this museum was fully expressed in these section drawings. The East - West Section presented the entry staircase as seemingly extending like a perspective toward the sky through the courtyard space, and the South - North Section illustrated an open and expansive space of the pilotis running from the Heike Pond via the courtyard space and out toward the north.

These section drawings revealed the manifold ingenious technical devices and design details such as in the roof with skylights, the light diffuser louvers, the exhibit display cases' tilted glass, a movie projection screen on the courtyard wall surface and so on, as well as in various equipment and facilities in the exhibition galleries, the seismic resistant structural design with the diagonal steel braces inside the Oya-ishi, stone walls and the triangular roof trusses and floor framings made of steel L-angles, etc. [N.K.]

KM 2476

透視図（外観／平家池対岸より）
Perspective Drawing (Viewed across the Heike Pond)

— | 出典 『國際建築』1950年12月号 | 1950年 | — | — |
個人蔵

設計趣旨に記された「樹緑に調和する建築の効果、池と建築との関連性、池に乗り出した形の高床中庭式建築、ピロッチにより浮上った外壁面と周囲状況との調和」が端的に表現されている。透視図は予定地視察の際に同行した写真家フランシス・ハールが撮影した八幡宮の景観にモンタージュされ、坂倉準三自ら油絵具で森の緑を彩色した。視察の日の手帳に坂倉は「僕ノ略案ニテ略々ヨシ」と記しており、新しい美術館のイメージはここに定着されている。[N.K.]

- | Magazine, *Kokusai Kenchiku*, 1950.12 | 1950 | - | - |
Private Collection

As written in the design intent, "an architectural effect of a harmonious presence with the green trees in the surrounding nature, a relevancy on the building and the pond, a concept of a 'raised floor courtyard style' building jutting over the pond, and a harmonization of the floating upper wall surfaces created by the pilotis with the surrounding setting and context," such ideas were evident and expressed in the perspective drawing.

Sakakura painted the green of the trees in the perspective in oil by way of montaging over a photograph taken by Francis Haar, a photographer, when they made a fieldtrip visit of the planned site before. In the diary, Sakakura wrote: "My rough design idea is okay for the most part." Accordingly, it may be ascertained that Sakakura had already pretty much fixed his image for the new museum by that time. [N.K.]

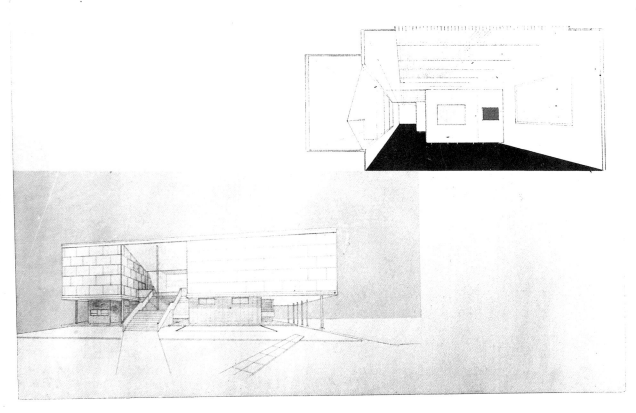

KM 2477

透視図（2階展示室内観・西側外観）
Perspective Drawing (2nd Floor Gallery Space Cut-away Sectional Perspective and Western Façade Perspective)

― | 写真 | 1950年 |
モノクロ印画紙・プリント | 115×160 |
個人蔵

西側の外観透視図には、アプローチからのぞむピロティにより浮き上がった美術館の全景が描かれ、中庭越しに背景の空まで透視される。正面入口階段や平家池に乗り出したピロティの列柱など各所に仕組まれた「パースペクティブな効果」を読み取ることができる。展示室の内観透視図には自然光が差し込む散光ルーバー、ガラスの反射を低減させるための陳列棚の傾斜ガラス、移動式の展示壁などの、新しい展示空間へのアイデアが描き込まれている。[N.K.]

- | Photograph | 1950 | Printed on Photographic Paper in Monochrome | 115×160 |
Private Collection

The Western Façade Perspective rendered an overall view of the museum raised by the pilotis seen from the entry promenade. A perspectival ideas and effects tucked into the design such as a piercing vista from the entry staircase, through the courtyard and out to the sky in the backdrop and the colonnade of pilotis jutting over the Heike Pond were discernable.

The 2nd floor Gallery Space Cut-away Sectional Perspective showed such innovative ideas and details for the exhibition gallery space as the light diffusing louvers for receiving natural light, the exhibit display cases' tilted glass to avoid unwarranted reflections for better viewing of the exhibits, the movable exhibition partition walls and so forth. [N.K.]

実施設計図面について
Working Drawings

コンペ案が選定された後、1950年6月から10月にかけて短期間でまとめられた設計図と工事中の
補足図面。設計者が様々な課題を肌理細やかに解決していった証である。

アクソノメトリック（アクソメ）図
Axonometric Drawing

—｜原図｜1952年以降｜
トレーシングペーパー・鉛筆・インク｜585×709｜
文化庁国立近現代建築資料館

竣工当時の台帳には記載がなく、中庭に1952年の展覧会で設置されたイサム・ノグチによる彫刻《こけし》が見られることから、設計より後年に描かれた図面と思われる。正面階段を上り2階の半外部空間から入館する特徴的なアプローチ、ロの字型平面による2階の中心性、ピロティで周囲の環境に開放された1階の遠心性、それらを上下に重ね、対比的かつ流動的に繋いだ空間構成が良く表れている。［Y.M.］

—｜ Original Drawing ｜ after 1952 ｜ Tracing Paper, Pencil, Ink ｜
585×709 ｜
National Archives of Modern Architecture, Agency for Cultural Affairs

It is not listed on the Registry of Archived Drawings (Hereafter, Registry) kept at Sakakura Associates Architects and Engineers' office. The sculptural works of Isamu Noguchi, *Kokeshis* in the courtyard is drawn in the drawing, which was shown in the 1952 Exhibition of Isamu Noguchi. Therefore, it is presumed to be drawn probably after 1951, and most probably in circa 1952. An inviting promenade staircase takes visitors up to the entry on the 2nd floor. While, The *parti* features a courtyard design in a "square-donut plan" conveying a spatial centrality on the 2nd floor, the 1st floor with *pilotis* affords a centrifugal spatial expansiveness toward the complimenting nature in the surrounding environment. Thus, the composition in the form of a white box is vertically layered with these two contrasting spatial ideas. [Y.M.]

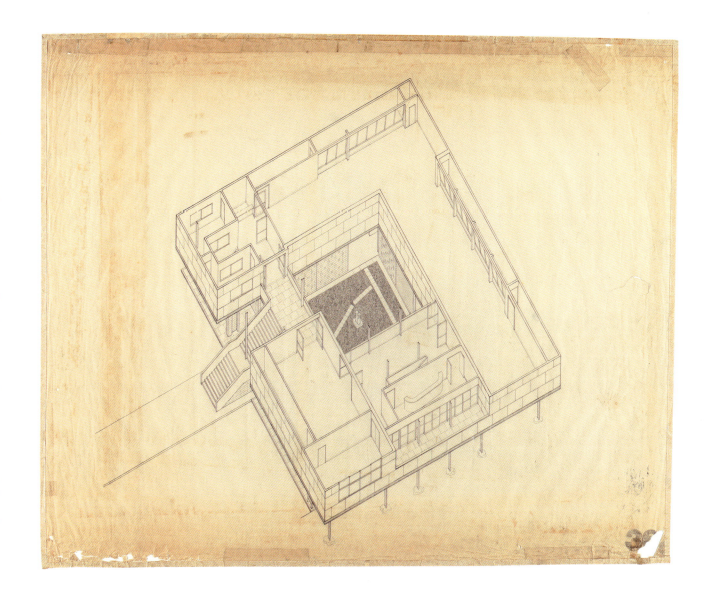

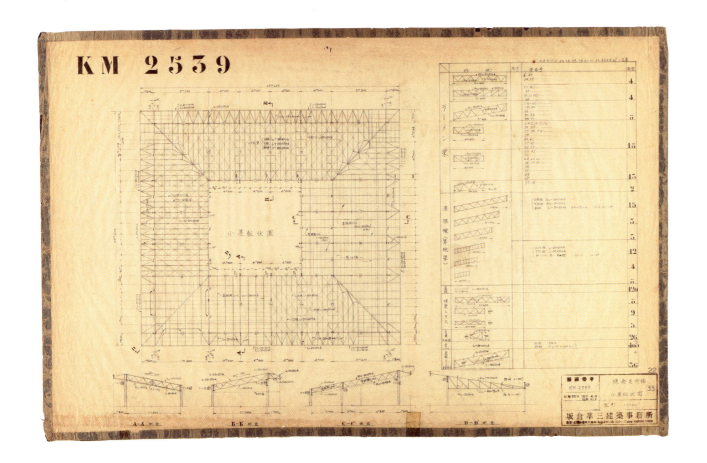

KM 2539

小屋組伏図
Roof Framing Plan

1:100｜原図｜
台帳：1950年8月15日　原図：1950年10月4日、21日｜
トレーシングペーパー・鉛筆・インク｜533×826｜
文化庁国立近現代建築資料館

台帳には1950年8月15日、原図には同年10月4日及び21日の記載がみられる。坂倉準三建築研究所の意匠担当者が構造設計を行ったもの。L型アングル材で構成された三角形断面トラスビームの連続配置により、トラスが軸力抵抗で建物全体の水平剛性をも確保する画期的なアイデアである。屋根面の下地材も軽微で済む合理性を兼ね備えている。コンペ案の中で唯一鉄骨造であった坂倉案の、空間と構造が一体化した独創性が良く表れている。
［Y.M.］

1:100 | Original Drawing | Registry: August 15, 1950 Original Drawing: October 4 & 21, 1950 | Tracing Paper, Pencil, Ink | 533 × 826 |
National Archives of Modern Architecture, Agency for Cultural Affairs

While the date entered as August 15, 1950 in the Registry, additional dates of October 4 and October 21 of the same year appear on the original drawing. An in-house architect at the Sakakura's office was in-charge of structural design. The system of steel truss beams formed with continually positioned triangular section made-up of steel L-angles is an ingenious roof framing structural idea that produces not only a required vertical rigidity but also an overall horizontal rigidity as well. Together with the rational choice of light-weight roof base materials, the proposal of Sakakura was the only design in steel frame structure in the competition, which in turn enabled Sakakura to create an original architectural milieu where its space and structure are seamlessly integrated.
[Y.M.]

KM 2546

矩計図
Detail Section Drawing

1:20｜原図｜
台帳 1950年8月15日　原図 1950年10月19日｜
トレーシングペーパー・鉛筆・インク｜818×573｜
文化庁国立近現代建築資料館

2階展示室、1階彫刻室の断面。原図からは竣工当時の屋根の笠木形状、網入りガラスのトップライトや散光ルーバー、陳列棚の傾斜ガラスなど展示のための様々な工夫、それらを支える構造体の関係性、2階外壁の繊維強化板、1階外壁の大谷石の納まりを総合的に読み取ることができる。2階床は波形鉄板を型枠としたワイヤーラス軽量コンクリート、1階床は土間スラブの上にモルタル塗目地切仕上である。［Y.M.］

1:20 | Original Drawing | Registry: August 15, 1950 Original Drawing：October 19, 1950 | Tracing Paper, Pencil, Ink | 818×573 |
National Archives of Modern Architecture, Agency for Cultural Affairs

Detail section drawing shows the 2nd floor exhibition room and the 1st floor sculpture gallery. The drawing, depicting the conditions before the first renovation, shows the original design specifications of such details as the roof coping form, the skylights' wire-reinforced glass, the light diffuser louvers, and the exhibit display case's tilted glass that reveal well thought-out arrangements and features in order to create better exhibition environment and their mutual relationship with the structure such as the fiber reinforced (asbestos) boards on the 2nd floor exterior walls and the Oya-ishi, or Japanese tufa, stone exterior walls on the 1st floor detailing. The drawing also displays the details of the light-weight wire lath concrete 2nd floor slab with corrugated steel formwork and the cement mortar joints in 1st floor slab. [Y.M.]

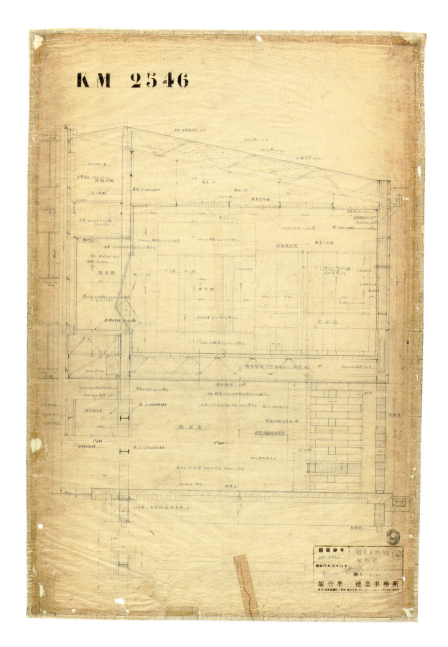

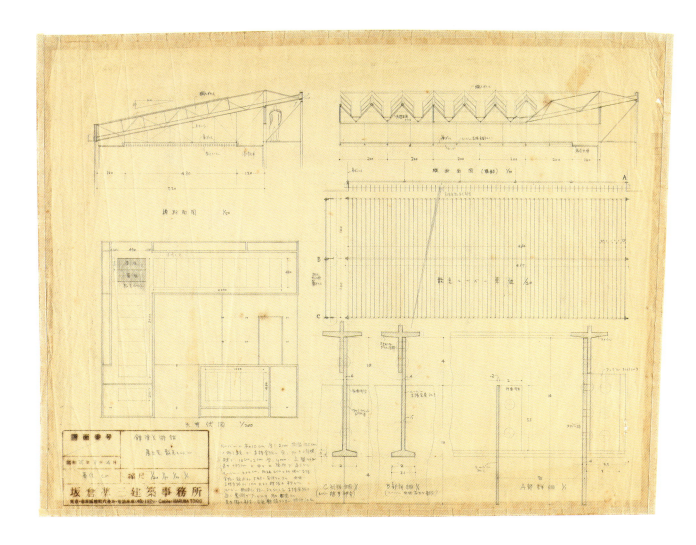

展示室散光ルーバー
Detail of Exhibition Room Light Diffuser Louvers

1:200, 1:50, 1:20, 1:1 | 原図 |
台帳 1950年8月15日　原図 1950年8月4日 |
トレーシングペーパー・鉛筆・インク | 418×556 |
文化庁国立近現代建築資料館

竣工当時の展示室にはトップライトから散光された柔らかい自然光が注いでいた。原図には「ルーバーは高さ10cm厚2mm間隔7.5cm、アルミ板で支持金物は全てアルミの引抜材で10cm×2cm厚4mm凸型をなし、長さ487cmで中で2カ所で吊下げる（中略）見え掛り部分は白色艶消ラッカー吹付仕上」と記載されている。支持金物上部には散光のために簾状のガラスが敷込まれている。[Y.M.]

1:200, 1:50, 1:20, 1:1 | Original Drawing | Registry: August 15, 1950 Original Drawing: August 4, 1950 | Tracing Paper, Pencil, Ink | 418×556 |
National Archives of Modern Architecture, Agency for Cultural Affairs

At the time of completion of the museum, the exhibition room was illuminated by the softly diffused natural light coming through the skylights. As the notes on drawing describes, "the aluminum light diffuser louvers of 100 mm (height) by 2 mm (thickness) by 75 mm (spacing), the aluminum base brackets of 100 mm (height) by 20 mm (thickness) by 4 mm (in protruding form) by 4870 mm (length) are suspended at 2 places each — *omitted* — the face sides are finished in matte white lacquer spray." The upper part above the aluminum base are fitted with light diffuser wire-reinforced glass. [Y.M.]

KM 2528

アルミ下地金物取付詳細
Aluminum Base Brackets and Joints Detail Drawing

1:1｜原図｜
1951年3月15日｜
トレーシングペーパー・鉛筆・インク｜564×838｜
文化庁国立近現代建築資料館

2階外装材の繊維強化板とそれを支持するアルミジョイナーの納まりが詳細に記されている。繊維強化板、アルミジョイナーは特別に製作されたものである。コーナー部分にもアルミ型材を用い、極めて高い施工精度を要求する納まりである。別図でボードの割付け優先順位が指示されている。竣工当時は磨きあげられて空と雲が写り込んだ白く輝く姿であったという。[Y.M.]

1:1 | Original Drawing | March 15, 1951 | Tracing Paper, Pencil, Ink | 564×838 |
National Archives of Modern Architecture, Agency for Cultural Affairs

It shows the details for aluminum base brackets and joints for the fiber reinforced (asbestos) boards on the 2nd floor exterior walls. The fiber reinforced (asbestos) boards and aluminum joints were specially made to order. Aluminum mold materials also applied and executed with a high level of quality to corner parts. The construction method with mounting order for the boards are specified on an appendix drawing. At the time of completion, the polished surfaces appeared gleaming in white with the reflection of sky and clouds. [Y.M.]

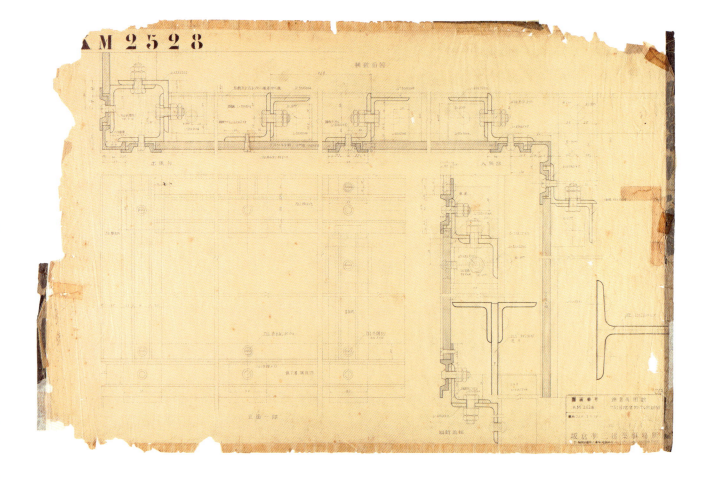

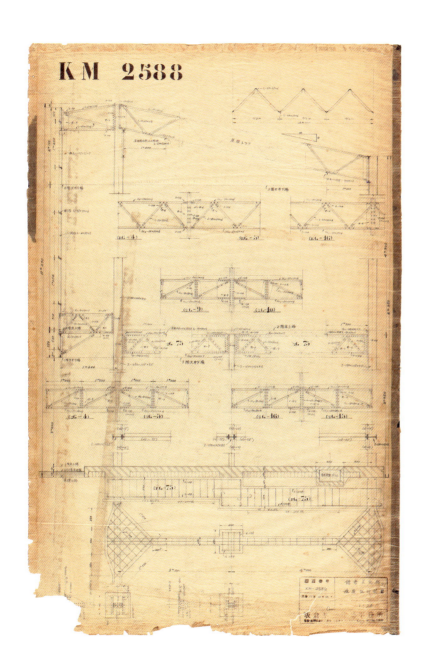

KM 2588

構造矩計図
Structural Section Drawing

1:20｜原図｜
台帳 1950年8月15日　原図 1950年10月18日｜
トレーシングペーパー・鉛筆・インク｜824×542｜
文化庁国立近現代建築資料館

三角形断面トラスビームはL型アングル材をリベット接合により製作された。原図からはリベット位置をはじめ、L型アングル材による間柱および外壁下地胴縁の部材寸法、I型鋼の柱とトラス部材の取り合いを読み取ることができる。1階床下にはコンクリートによる空気調整ダクトがあり、基礎梁のレベルが部分的に下がっていることが表れている。杭は松杭である。［Y.M.］

1:20 | Original Drawing | Registry: August 15, 1950 Original Drawing: October 18, 1950 | Tracing Paper, Pencil, Ink | 824×542 |
National Archives of Modern Architecture, Agency for Cultural Affairs

The steel truss beams in triangular section were made of rivet fastening steel L-angles. This drawing shows such details as the rivet positions, the studs made of steel L-angles, the base furring strips for the exterior walls and the connection between the steel I-beam columns, and the steel truss beams. It explains the details of partially lowered foundation beam, which allows the air conditioner duct to pass under 1st floor slab. The pinewood piles were used for the foundation piles. [Y.M.]

KM 2542A

軸組図
Steel Frame Structural Drawing

1:100｜原図｜
台帳 1950年8月15日
原図 1950年9月27日、10月19日｜
トレーシングペーパー・鉛筆・インク｜531×830｜
文化庁国立近現代建築資料館

資材統制解除の直後であった当時、柱に使用したI型鋼は新品ではなく古材を探して使い、屋根の三角トラス構造も細い鉄骨しか手に入らない中で考え出した苦肉の策であったという。原図からはブレース配置により地震力に抵抗する設計である事が分かる。このブレースは2階外壁の繊維強化板の裏、1階外壁の大谷石の両面積みに隠されている。この作品の軽快さを表出する所以である。[Y.M.]

1:100 | Original Drawing | Registry: August 15, 1950 Original Drawing: September 27 & October 19, 1950 | Tracing Paper, Pencil, Ink | 531×830 |
National Archives of Modern Architecture, Agency for Cultural Affairs

Soon after the Occupations Forces had lifted its control on building materials, there were no brand-new steel I-beams available on the market that led constructors to adopt used thin steel L-angles to make up the triangular roof trusses. The drawing clearly expresses that braces were placed for the purpose of seismic resistant structural design and they were hidden behind the fiber reinforced (asbestos) boards on the 2nd floor exterior walls and between the double sided Oya-ishi, or Japanese tufa, stone exterior walls on the 1st floor. Such detail contributes in part to make this museum with a modern sprightliness. [Y.M.]

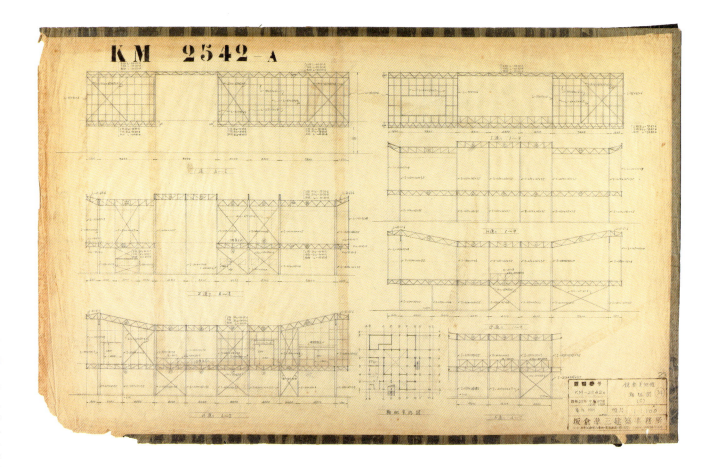

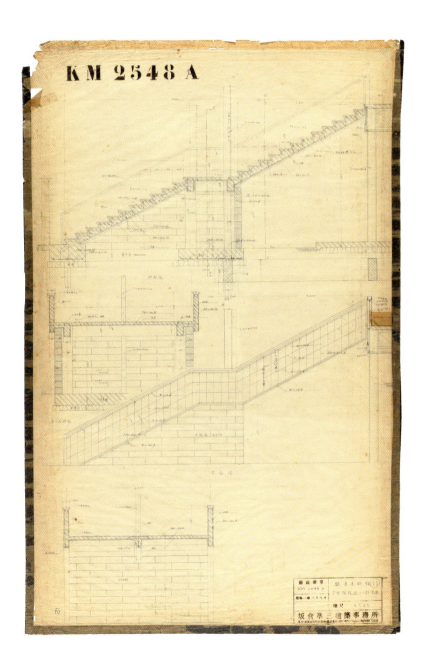

KM 2548A

正面階段廻り一部詳細
Frontal Staircase Partial Detail Drawing

1:100｜原図｜
台帳 1950年8月15日　原図 1950年9月9日｜
トレーシングペーパー・鉛筆・インク｜818×543｜
文化庁国立近現代建築資料館

正面階段と構造鉄骨の関係性、手摺の納まりを読み取ることができる。中心性の高い2階ロの字型平面に対し、敢えて中心を避けて階段を配置し、階段中央に構造鉄骨I型鋼を象徴的に配している。フランジ外面とウェブ廻りを異なる色で塗り分けたI型鋼は踊り場まで延び、下部は大谷石の壁で隠されている。手摺側面はモルタルであるが手摺の笠木は、床仕上げと揃えて人造石研ぎ出しである。[Y.M.]

1:100 | Original Drawing | Registry: August 15, 1950 Original Drawing: September 9, 1950 | Tracing Paper, Pencil, Ink | 818×543 |
National Archives of Modern Architecture, Agency for Cultural Affairs

The drawing portrays the relationship between the frontal staircase, the steel structure, and the fitting detail of handrails. The frontal staircase with a symbolically center placed I-beam column was intentionally offset from the central axis of the "square-donut shaped" courtyard on the 2nd floor plan, which conveys a strong sense of spatial centrality. The I-beam, which separately colored with flanges and web parts, extended to the landing where the bottom part was hidden inside the Oya-ishi, or Japanese tufa, stone exterior walls. While the side of handrails and solid balustrades were made of cement mortar, the handrail tops were made of polish artificial stone that echo the finish of floor. [Y.M.]

Promenade II
Photography by Ryota Atarashi

平家池からのぞむ竣工当時の新館

新館、そして三つの建物
室伏次郎

聞き手　松隈 洋

松隈 洋（以下H）　室伏さんが早稲田大学建築学科を卒業したのは、何年ですか。

室伏次郎（以下J）　1963年です。東京オリンピックの前の年です。

H——坂倉準三建築研究所（以下坂倉事務所）に行こうとしたきっかけは何かあったのですか。

J——坂倉さんがコルビュジエのお弟子さんということで、年齢は四十違うので大分目上の人ではあったけれど、コルビュジエに学んだ人なので、非常に憧れの人でした。早稲田には吉阪隆正さんがおられましたが、当時、吉阪さんは探検家として活動されていた時代なので大学にほとんどいませんでした。吉阪さんからコルビュジエを直に学ぶような時間はなかったので、ぜひ坂倉さんにということでした。

H——その時の神奈川県立近代美術館の印象はどうでしたか。

J——僕はまだ学生で物思わざるレベルでしたけれど、建築を検証してまともに見て歩く初期の話で、一階の空間に非常に衝撃を受けました。建築といえば、インテリアがどこかで区切られていると学生時代思い込んでいましたから、区切られていない建築の素晴らしい空間があるということを目の当たりにした衝撃でした。

H——この建物に先に出会っているわけですね。

J——建築体験の原点という感じがしています。

H——この建物の新館の計画は、坂倉事務所に入ってどれくらいしてから始まったのですか。

J——1964年ですから翌年です。一年目はIBC岩手放送とか赤坂ビルなどをお手伝いしていて、たまたまこの新館の話がありました。美術館の運営委員会で土方定一さんが収蔵庫付きの常設館を増築したいというご希望がずっとあり、それを坂倉さんがフォローしていました。やろうと決まったので、所内でエスキースコンペということになりました。

H——コンペの要項として、どういう部屋がどのくらいいるとか、きちんと決まっていたのですか。

J——そういうことは一切なしで、常設展示場と収蔵庫、それから館長室を新しくしたいと。トータルこのくらいのものだと運営委員会でざっくり決めた話だけが伝わってきて、それでやりました。

H——旧館の周りの現在の敷地を使うということも決まっていたのですか。

J——決まっていました。

H——コンペの提出物というのは、例えば模型も作ったのですか。

J——A3位の紙に簡単にフリーハンドで描いたスケッチだけでした。

H——その時、室伏さんの案は何と言われたのですか。

J——「君、こんなに壁が狭くてどこに絵を飾るんだ」と、まず開口一番にそう言われました。僕は口ごもったけれど、「常設館なのだから随時展示替すればいいので、壁量の問題ではないと考えています」という言い方をしました。すると、「でも君、光は入るし壁量は少ないし、これで常設展示というのはとても足りないと思うけどな」と言われました。良いとかは一切言わないから、あとは細かいところで、窓の話など少ししかなくて。僕に限らずコメントはその程度です。

H——実際に基本設計、実施設計になった時は、当然、土方さんは出てきたのですか。

J——阪田誠造（1928-）さんに「しっかりやりなさい」と言われて、直に確かめたわけではないけど、コンペ案の方向で良いのだと解釈して。そういう透け透けのものをスケッチして、いよいよ土方先生に見せましょう、となって坂倉さんと土方先生にお会いしました。

H——この鎌倉の旧館に見せに来たのですか。

アーチ越しに見る
新館展示室
「河口龍夫展」1990

J── ここに来ました。館長室でお見せしたら土方さんが「坂倉さん、僕は最近のヨーロッパのこういう外と繋がって景色と共にある展示室、自然光がコントロールされている所で見る、そういうのが欲しかったのだよ」とおっしゃったのです。そうしたら坂倉さんが「僕もそう思っていました」と言いました。

H── 室伏さんとしては、やったぞという感じですよね。

J── 土方さんも直射日光の問題があるのは分かっているけど、美術館という閉じたところでただ絵と対峙して見るというのはもう限界があるなと。折角のロケーションの中で、ここであるからこそ、というのが欲しいと。自然光がコントロールされた状態で、景色もまた絵と共に欲しいと、ここにおられて考えられたのでしょう。

H── 室伏さんは二十四歳の新人でしたが、実施設計はどういう風に進めたのですか。

J── 私に担当を決めていただいたので、最初は一人でこつこつやっていましたら、ちょうど戸尾任宏さん（1930-2011）がフランスから帰国されました。坂倉先生は二十三歳だろうが二十四歳だろうがこいつが担当と決めたら、然るべき窓口へ行って「私がこの者を担当に決めました。自分の目に適っているつもりですから、私の名代と思って扱ってください」とそういう風に言う人で、みんなそれに感激するわけです。とはいえ、まだ若造でしたから、帰ってみえたばかりの戸尾さんに実施設計をサポートしてもらいました。それで私も安心しました。

ロマネスクの影響

H── 戸尾さんとはいくつ歳が違うのですか。

J── 僕の十歳上です。戸尾さんはロマネスク研究でヨーロッパに三年いて帰ってきたばかりで、ロマネスクのスライドをお家へ伺ってはシャワーのように見せてもらった。それは僕にとって初めての体験でびっくりしました。いわば、彼のロマネスク研究の思いが、新館には投影されているわけです。

H── 具体的にどういうところですか。暗さとか明るさですか。

J── そうです。外に面した部分ということでは明るい場所ではあるけれど、ロマネスクはゴシックと対置されるように、人間の力でできる範囲のものづくりで、小さな、積み上げた組積造の原点みたいなあり方をしているでしょう。そういう素直なもの作りのことと、人の手が作るという、こういう石が表現しているような味わいというものが、戸尾さんはものすごく好きなわけで、それを現代建築の中でも投影させたいと。床のタイルやリシンの掻き落としの壁、アーチに象徴されています。

H── 展示室のアーチ状の開口部はそこから出てくるのですね。戸尾さんを通じて、ここにロマネスクの精神が入ってきたなんて話は初めて聞いたのでびっくりです。基本的に素材とか作り方がまさに人間が手で作っているような感覚をここに持ち込んでいるのですね。

J── 床のタイルもシャモットタイルでピターッとしていないでガタガタしているでしょう。公共建築では突っ掛かるといけないから、ということでみんな敬遠するわけです。だけどそんなことはない、それほど段差が出来るわけではないから良いのだということで、シャモットタイルで行こうということになったのです。

ル・トロネ修道院

ル・トロネ修道院

H——普通だったら旧館と新館で揃えるのに高さが違ったり、前後がずれていたりしますが、配置の組み立て方はどういう風にされましたか。

J——外観のモチーフもそれぞれ違うし、統一的にバランスを取るのも一つの方法だけど、旧館自体そもそも増築を想定していて、単体で建つことを前提にスタートしているものではない。しかしボリューム表現としては独立完結した形です。そういうあり方も生かしながら、かつ関係性を持たせるということだから、逆に高さが揃っている状態で新館が建っているのを想像してごらんなさい、と僕は言いたい。良くないということは分かる。

H——つまり、旧館ありきのものとして倣っただけで、思考がそこで止まっている。アンサンブルとしての良さが出ない。

J——旧館が明らかに親玉なわけですよ。池に面する在り方も、ある種の中心性を、形を変えても生かしつつ、でも関わり合いを強く持たせる方法とはという話です。

H——本尊と揃えると、本尊に対する敬意が失われてしまうし、本尊は本尊として一番高いと。それに対して、兄弟のように並んでいくということですね。

J——樹木越しに空まで繋がっているという場所にしたいというのがあるわけで。

H——そういうことは模型で考えたのですか。

J——そうです。

H——コンポジションを考えながら、あいだの空間も生きるような形で。

J——仮定の話ですけど、二十四歳の僕が一人だけで設計していたとしたら、きちっと揃えてしまったと思います。だけどそうじゃないよと、こうすることが有効なんだという戸尾さんの話は、非常に勉強になりました。

H——若い人ほど、こうあるべきだという風になってしまいますものね。

J——空間、実感ということは、戸尾さんはさすがに当然ながら分かっているので。

H——そういう話を聞くと、戸尾さんが見たかは分かりませんが、フランスのル・トロネ修道院（以下、トロネ）が斜めに振れているのに、ちょっと印象が似てきますね。

J——彼は1960年代の前半に三年間かけてフランスとスペインのロマネスクをずっと見て回って、その中で一番感動したのがトロネだったそうです。

H——トロネを見ておられるのですね。

J——まだトロネなんて知っている人が少ない時代に訪ねて、やっと探り当てて見てきているわけです。それを有難いことにスライドでシャワーのようにいっぱい見せてくれたのです。

H——トロネも増築しながら出来ているから、必ずしも全部グリッドに乗っていなくて斜めに振れていたりするのでしょうね。鎌倉館の附属屋の外観がなんであんなに寡黙なのかという理由も、今のお話を聞いて初めてよく分かりました。

新館のモチーフ

H——新館のモチーフになっている鉄骨むき出しの柱や梁、ホーロー加工された外装の鋼板パネル、サスペンドガラスのアイデアは、どういうプロセスから生み出されたのですか。

J——最初のエスキースコンペ時には、壁だけが立ってスカスカということを考えていたのだけれど、旧館が近代建築のテーゼに則ってボリュームと面で出来ているでしょう。坂倉さんのメルクマールの作品だから。

それにくっつけて何かをするというのは大変なことだなと思った時に、あまり箱形でやっても面白い関係は生まれないから、ここは思い切って、この環境からいっても、柱のありようからいっても真壁表現でいこうと。コントラストを持って、かつ繋がっていると。空間の流れとしては繋がっているでしょう。だから繋がりとして切れる心配はないから、きちんとしたボリュームと真壁のありようで、コントラストを持って池に面してやろうと僕は考えた。真壁と言っても鉄骨構造で錆びるからペンキを塗らなければならない。ある意味それが大変だった。たまたま時代の流れで、エーロ・サーリネン（1910-1961）がコールテン鋼を使って、ディア・カンパニー本社を発表した時でした。耐候性高張力鋼を使うと、こういう真壁で鉄の素材感そのものの空間が作れるというのが分かったのです。これも時代の偶然ですが、コールテン鋼を真似して八幡製鐵所の頭文字のYを付けたヨーテン（YAW-TEN）鋼が開発されました。日本でも建築の事例として作りたいと、八幡製鐵所は腕まくりをして待っていました。それで一緒にやろうということになったのです。

H──真壁の鉄骨柱と梁で素材感を外部に露出しても、素材感を守りながら錆びが出ず、錆が安定化するような新しい構造材が目の前に現れたということなのですね。

J──サスペンドガラスもまさに時代の要請で、フランスのガラスメーカー、サンゴバン社がシステムを開発して、上から吊って大ガラスを綺麗に嵌めるという方法をとって世の中に出始めた時期でした。それを知って神奈川県の地元業者である旭硝子が研究しました。サスペンドガラスもよく知らないのです。図面も仕様もないから見様見真似で旭硝子のエンジニアと協議して作った。やはりヨーテン鋼を使おうとか、サスペンドガラスを使おうかという話は、この旧館を作った時の精神ね。モダニズムの建築家として新しい素材を開発しよう、当時復興の最中で物もないからフレキシブルボードもアルミジョイナーも、この館のために開発したものじゃないですか。そういう新しい素材を計画の中で研究したいという気持ちが、坂倉さんにも戸尾さんにも僕にもあったのですよ。

H──まさに旧館あってのチャレンジ精神を引き継ぎながら、1960年代に入って使える最前線の新しいものをさらに開発して使おう、ということに繋がっていくのですね。ホーロー鋼板もそういう意味ではまったく新しい外装材ですね。

J──ホーロー鋼板を壁に貼り付けた。ホーローと言えば風呂桶で、これを作ったのは風呂桶屋さんなんですよ。建築にホーロー鋼板を使うのも、みんなが少しずつそういう使い方の端緒についたのです。錆がつかないし。

H──壁量の問題はさておき、新館が出来た時、坂倉さんはどんなことをおっしゃられたのですか。

J──坂倉さんは、この建物が出来た時のオープニング展覧会で、厳選された壁とそこに掛けられた絵と同時に自然や水が見える、その関係を非常に満足げに見ておられた。だけど、そういうことを僕と話したりはしなかった。それよりも、この美術館を作りながら一番僕が印象に残っているのは、坂倉さんが工事中に見に来られた時に、池を眺めながら「室伏君、僕は日本的なものを作ろうとしてものを考えたことは一回もない」とおっしゃったこと。モダニズムの建築だけれど明らかに日本的ではないですか。だから僕はその時、こういうものを作る人がどうしてこういうことを言うのだろうと思った。「自分は日本で生まれて日本語で育って日本語でものを考えた人間だから、作ればそれは自ずと日本的です。だからそういうことを目指すことは、意味のないことです。それよりもその場所にど

附属屋 1966

ういうあり方が一番ふさわしいのかということを発見するのが建築家の仕事ですよ」とおっしゃったのです。それは僕の建築家生涯に残る彼の言葉です。しかも、この場所で言われたということが。

三つの建物

H── もう一つ素敵だと思っているのは、旧館が出来た時よりも、さらに豊かに環境造形を持ち込んでいるという感じがするのです。新館が出来て、附属屋が微妙に斜めに振って配置されています。そうすると初めて旧館、新館、附属屋の三つのブロックの間に場が生まれますよね。あの囲まれた中庭のような空間もかなり意識されたのですか。

J── そうです。単体で建っている時はオブジェみたいなものですよね。だけど関係性のあるものが付いてきて、お互いがあるからこそ生まれる空間。これこそまさに空間ですよね。二つというのはまた違ったことで、三つあるというのはそういう関係の原点ではないですか。

H── 本当にそうですね。全く雰囲気の違うものが上手にミックスされていて、尚且つそのあいだが余地だったものが生きた空間に変わるわけですから。この建物の旧館が持っていたものが少しずつ環境に拡散しながら、新館と附属屋が出来て、まさにそれが全体で新しいハーモニーを作り出しているという意味で、とても素晴らしい増築だった印象があります。

J── やはり三つの物が建つのだから、それらの関係性で挟まれた隙間、これこそ空間なのであって、ちょっと振っていることが大事なんだとか、附属屋は境内の森を遮断したら駄目だから何とかして低くしようなど、そういうことは皆、戸尾さんが僕と一緒に色々喋りながら「ここはこうすべきじゃないの」と言ってくれたのです。

H── 附属屋のボリュームは、向こう側にある緑の借景を生かすための塀のような印象ですし、旧館の北側の壁面よりも新館がちょっと飛び出していて、ちらっと見える。そこに庇があってあそこが入口だなと思ったり、結構微妙な操作をやっていますね。それから旧館は池の柱の根元を自然石で挟んでいる。でも新館は違ってコンクリートで即物的になっています。そうした議論はどういう風にされたのですか。

J── これは議論抜きですね。同じようなことをしても、それはエピゴーネンに過ぎない。こちらはきちっと行きましょうと僕が勝手に決めました。戸尾さんも坂倉さんも何も言わなかったです。実は、この自然石は、僕が学生時代の時にここを見に来て、驚愕した対象なのです。

H── 何で突然ここが自然石なんだという、自分の理解の範囲を超えたような…。

J── 1950年代の末から1960年代の初めにかけて、僕が受けた大学教育は、合理主義、機能主義の非常に教条的なものでした。でも旧館の池の柱はフェイクではないですか。フェイクを平気でやって、だけどいいねという。

H── 矛盾ですね。石の上に柱が立っていない、ただ、挟んだ下にまだ柱が伸びているのに自然に見えるってどういうことなのだろうと…。

J── これは聞いた話ですが、水の中に柱が刺さってしまうのをどうすればいいか、所員全員がとても悩んでいたそうです。そんな時に坂倉さんが二階から降りてきて、「そういう時はこうするんだよ」と、石を割って挟むことになったのです。

H── 坂倉さんの一声で。

J── モダニズムの旗手ですけど教条的なことに囚われない。そこが凄いなと思いました。

建築的プロムナード

H── 坂倉さんの向こうにいるコルビュジエもそうだったのでしょうかね。僕たちは凄く狭く捉えていますけど、もっと発想が自由な人だったかもしれない。
J── 事実そうですね、コルビュジエという人は。
H── そうでないとロンシャンの教会堂（1955年）のような独自の造形は出てこないですよね。

新館が出来て五十年近く経ちますが、今振り返ってみてどのような感想をお持ちですか。
J──「建築」するってどういうことか。つまり自然ではない人知の技なのだけれど、広い自然と共にあって、それがあるからこそ生まれる喜び。それが「建築」じゃないですか。ここにはそれがあるなということを常に思います。
H── 普通に考えて、モダニズムをすごく狭く捉えると、世界共通の言語で敷地にも左右されずに作るみたいなところがありますが、ここは全然違いますよね。
J── モダニズムというか、二十世紀を支配した巨人の下で学んだ人が、陥りやすい教条に縛られないで、一人の人間として自由にあるべきこと、人々のためになる場を考えて、それが建築家という職能なのだというこ

とを心底体現している人だと思うのです。「人間のために」という言葉が繰り返し使われていますよね。「人間のために」って、振りかぶった言葉だから普通口にしにくいですよね。だけど常に打ち合わせの時でも、「あなたは人間のために考えていますか」と言われるのです。日常語として「これは人間のためにということですよ」としきりにおっしゃる人でした。建築の論理を議論しようとすると「君のそんなことを聞いても全然意味ない」とすぐ言われてしまう。
H── 僕はやはり1955年に坂倉さんがここにコルビュジエを連れてきて、コルビュジエがここをどう思ったかを言葉に残してほしかったなと思いますね。おそらくコルビュジエの中には「人間のために」という言語はなかったかもしれなくて、コルビュジエは、その後インドでまさに自分でそう思って作るわけです。
J── 日本に来たのは、コルビュジエがインドへ行く直前でしたね。
H── この美術館と周囲の環境は、すでに歴史の大きなページの中にあるという感じがします。
J── 本当にそう思います。ルイス・カーンも近代建築のテーゼに縛られなかった人で、ソーク研究所（1966年）にはこういう空間がありますよ。カーンと

いえども、他にはあまりないですね。
H── キンベル美術館（1972年）のキャノピーの部分とかに少しありますけどね。「美術館というのは必ずしも中に入らなくてもいいよ。通り過ぎて、あそこに美術館があるね、という風に存在する美術館でいいんだよ」とカーンは言っていますけど、この建物もそれに近いような気がします。ここで佇んでいる人を池越しに見るだけでも、十分にこの美術館があることの意味が人々に伝わっている気がします。
J──「建築的プロムナード」がまさに体現されていますね。
H── 人が歩き回るだけで、そこに心地よい場所が風景として展開されてくるという。
J── 美術館というのは巡り歩くものなので、「建築的プロムナード」を展開していくのに適した場なのです。自ずと人々がそういう風に感じ取れる場所。
H── この美術館は、旧館も新館も決して大きくないですが、大きくないからこそ、小さな単位の組み合わせの中に「建築的プロムナード」の一番大事なエッセンスが全部入っている気がします。たくさん美術館を見てきましたけど、この美術館は、絵に出会う環境としてはリズムがあって疲れないし、ゆったりとした気

分で接することができる。普通、絵をひたすら見るだけだったり、閉じた空間の中で見るだけだったりで、こういう美術館はあまりないと思います。強弱をつけながら休んで、この自然の環境の中にしばらく佇んでまた見るというような、本来の人間の呼吸に合っている建築というのが、あまりなくなってしまいました。神奈川県知事の内山岩太郎という人がプロデュースしてこの美術館を作り、音楽堂を三年後に作る。二つの建物が共通に持っているある種の時代精神は、ものすごく貴重です。両方とも大事に残っていってほしいと思います。1950年代の初めに作られた二つの建物の輝きが、他には見当たらないのですから。

2015年9月10日、鎌倉館にて

（むろふし じろう　建築家、元・坂倉準三建築研究所所員）

新館 内観
「近代日本洋画の150年展」1966

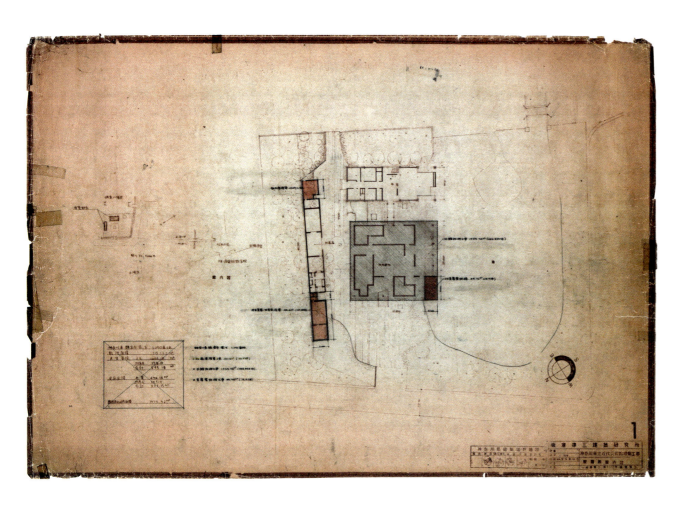

配置図 案内図

1:300｜フィルム｜
1965（※1968に加筆か）｜
プリント・鉛筆｜579×829｜
文化庁国立近現代建築資料館

検討案であり、実施されたものとは異なる。新館建設後、1968-69年に行われた学芸員室増築と旧館改修のための図面で栄久庵尚美の作図と思われる。
「昭和40年5月10日」の表記は焼図が新館建設時の配置図であることを示しており、本図はその図面に書き入れしたものと思われる。赤で塗ってある部分が増築・改修箇所。左下に工事対象が書き直されている。[N.K.]

鎌倉美術館設計趣旨
坂倉準三

新しくこの年1950年に鎌倉の地に建てられる美術館の持つべき役割をよく検討し、與えられた諸條件の中で充分その尊い役割を果し得る様次の諸点を特に考慮して設計した。

1. 設計計画
A. 敷地への考慮：
敷地はゆかりの鎌倉八幡宮の一角、林に囲まれた池畔の落着いた環境を有し眺望の良い場所であり、鎌倉を訪れる諸外國の人達の必ず訪れる所である。樹綠に調和する建築の効果、池と建築との関連性、池に乗り出した形の高床中庭式建築、ピロッチにより浮上した外壁面と周囲状況との調和、新しい時代に生きる傳統的日本建築の新しい姿は世界の人に通ずる。外苑に細い道を配し、平坦な中庭の開放的展示場に動線を集中して、人が集っても自然が荒されない様に考慮すると同時に空間構成にパースペクチイブな効果の積極的な表現を行う。

B. 美術館の機能：
新しい美術館はモニュマンタールな従来の美術館とは違った、人々に親しまれるもっと社会性の多い有機的な機能を持つ。この年この鎌倉の地に建つ美術館は特に内外の交流のセンターとして地方並びに郷土美術、古美術の紹介、現代美術の展示、研究、発表のための機能を有するのみならず、直接文化交際のため國際的クラブ的性格をも兼有する。美術館の構成に当ってそれらの諸点を特に考慮した。

2. 美術館の構成（細部計画）
A. 平面構成：
環境を考慮した上美術館の玄関を西側にし、林間をぬって中庭を透視しながら入口の階段を上り、主要な展示室に通ずる。階上には常設並びに臨時の展示室の外に南側池に面して開放された彫刻室、喫茶室、クラブ室、貴賓室を設け、西北隅に簡単な管理事務室を配す。階下では中庭を中心としてピロッチ下に彫刻室及び仮設展示室等を置いた。

展示室——重要（貴重）美術品の展示のためには光線の反射を避けるためガラス面の角度に特別の考慮を計った展示ケースを設けた。展示壁画の融通性を大きくするため必要に応じ自由に移動する壁面を設けるよう準備した。彫刻の展示のためには室外（2階）、ピロッチ下及び中庭に開放的な展示の空間をつくり、特に彫刻を浮び上らせるための照明を設けた。又観覧者の動線に空間的な変化を與え樂しく見て廻れるよう工夫した。

B. 構造概要：
主要材を鉄骨構造とし2階は軽い不燃材料で被覆し、1階は鉄骨筋違の入った大谷石の壁を作り、耐震耐火の考慮を拂う。

基礎——柱下壺コンクリート基礎、緊結梁を入れる。柱——I型鋼を使用し露出、筋違の入った柱は被覆して耐震壁とする。床——2階床は三角形トラスを連結して組み立体架構にし、その上に波形鉄板を敷きコンクリートスラブを打ち、軽い丈夫な床にした。屋根——床と同様の方法を用い三角形トラスを利用して頂光式採光方法をとり、2寸勾配片流れ（中庭側へ）とした。將來雨漏りを誘発する箇所をつくらないよう注意した。壁体——1階は鉄骨筋違入大谷石積、2階は軽量材にて壁体を作り耐震的に考慮した。

C. 仕上概要：
自然との調和に重点を置き、材料の素地をそのまま生かして美しい建築を作るように計画、材料の選擇には耐震耐火並びに経済的な考慮をも拂った。

外壁——2階はアスベストウッド、目地金物はアルミ、1階は大谷石積。内壁——漆喰水性ペンキ仕上（展示用金具の設備をなす）。屋根——アスベストウッドフェルトの上に銅板葺、頂光採光部分は網入ガラス張り。天井——漆喰水性ペンキ仕上及び頂光採光部分はラッカー吹付の散光ルーバーを取付ける。床——リノリウム張り階下はコンクリート目地切。開口部——スチールサッシュ。

D. 設備概要：

採光照明──2階展示室の昼間採光として最も適した明るさを均等に取るために複式頂光採光とし、上部は網入ガラス、下部は簾ガラスを使用し、天井面には金属板に艶消しラッカー吹付の散光ルーバーを取付け光源の散光調節をなし、天井内部に夜間及び補助照明用の人工光源を置く（断面図参照）。陳列棚はガラス面の反射をなくし見やすくするためガラス面に傾斜をつけ（室内透視図参照）内部の枠に螢光灯をつける。又この陳列棚の外に工藝品のための移動式のショーケースをつくり螢光灯の照明をつける。階下彫刻室では特別の考慮を拂いスポットライトを天井に取付け方向角度を変えて効果的に工夫した。

換氣濕度調節──展示室、陳列棚、保存室のみは陳列品の重要性から特に夏季は幾分溫度を上げて減濕し、冬季は少し加溫加熱する空氣調節設備をつけた。階下機械室にキャリア式ユニット濕度調整装置、冷凍器加熱器を設置し、合せて1時間4回の換氣空氣濾過をなす。【抜萃】

出典：『國際建築』第17巻第6号、1950年12月

竣工時 1951

Design Intent for The Museum of Modern Art, Kamakura
Junzo Sakakura

I designed this museum upon careful examination of the functions an art museum should possess when built *de novo* in the specific *loci* of Kamakura in this year of 1950. I particularly took into consideration the following points under a variety of given variables so as to endow it with the ability to sufficiently deliver its noble mission.

1. Design Plan
A. Site Considerations: The construction site is situated in a corner of the compound of heritage-rich Tsurugaoka Hachimangu (an historic Shinto shrine), offering a calm, pacifying environment with a view, lying by a pond surrounded by woods. Visitors from various countries abroad invariably stop by this location.

The architectural effects that would unify the building with the verdant trees; the meaningful connection between the architecture and the pond; the elevated square donut parti enclosing a courtyard and protruding over the pond; and the harmony between the exterior walls that appear to float via the pilotis and the surrounding environs: these features will allow people from all over the world to appreciate a re-emerging form of traditional Japanese architecture, the current trend of the new era. The outer garden is provided with a narrow promenade that directs the flow of passage to the open exhibition space within the flat, level courtyard, preventing the natural landscape from being disrupted by crowds of people. This arrangement also helps to maximize a visual perspective effect in spatial composition.

B. The Function of the Museum: Unlike conventional monumental art museums, modern-day museums must be provided with organic functionality, richer in societal aspects that help to create an intimate connection with the public. The museum we are constructing this year at this site in Kamakura will, as a center of domestic and international exchange, not only function as a place to introduce regional and folk art, as well as antique arts, and to exhibit, research, and publish contemporary art works, but also possess the ability to promote direct cultural exchange akin to an international club.

2. The Composition of the Museum (Detailed Plan)
A. Floor Plan: In consideration of the museum's environment, the entrance was placed to the west side, directing the approach to the main exhibition hall through the woods and up the stairs, with a view of the inner courtyard. On the upper level, in addition to the Permanent and Special Exhibition Rooms, there is the open, airy Sculpture Gallery facing southward toward the pond, the Tea Room, Club Room and the VIP Room. Located at the northwest corner is a simple Administration Office. On the lower level, a Sculpture Gallery, Temporary Exhibition Room and other facilities sit beneath the pilotis centered on the courtyard.

Exhibition Rooms: As a solution to exhibiting precious works of art, display cases were carefully designed with angled glass to prevent glare from the sunlight. To optimize the flexibility of the display walls, movable partitions were provided. For the display of sculptures, we created open gallery space outside the exhibition rooms (on the second floor), as well as below in the pilotis space, and in the courtyard; these were provided with a lighting system devised primarily to highlight the sculptures. We also gave consideration to the flow of passage that allows the visitor to take delight in the spatial variation.

B. Structural Concept: The building is designed primarily as a steel-framed structure, with light-weight incombustible cladding on the second floor, and Ōya-ishi, or Japanese tufa, stone walls reinforced with steel for the bearing walls on the first floor, which compose an earthquake-resistant and fireproof structure.

Foundation: The foundation is composed of Column

Pedestal-Footing Style Concrete with lateral stiffening.

Columns: Steel I-beam columns are exposed and those with cross-bracing are clad and designed as quake-resistant walls.

Floor: The floors of the upper level consist of a system of steel truss beams comprised of connected triangular L-angle sections that are joined into a space frame upon which is placed a layer of corrugated steel covered with a concrete slab, for a lightweight and rigid floor.

Roof: The roof is a shed-roof style with a 6-cm slope incline toward the courtyard. As applied to the floor system, Howe trusses comprised of triangular steel L-angle frames were also used for the roof, with openings for skylights.

Walls: On the first floor, the walls are made of Ōya-ishi stone, reinforced by steel cross bracing, and those on the second floor are seismically designed with lightweight materials.

C. Finishes: In the selection of finishes, emphasis is placed on a harmonious balance with the surrounding nature, and the creation of a beautiful architecture by making optimal use of the natural properties of the materials. In addition to their seismic and fire-resistant performance, consideration was also given to their economic viability.

Exterior Walls: The second floor is clad in fire-resistant fiber-reinforced asbestos boards with aluminum joints, and the first floor is finished in Ōya-ishi stone bearing walls.

Interior Walls: The interior walls are plaster finished with water-soluble paint (with metal display fixtures).

Roofing: The roof is composed of copper sheet-roofing over asbestos felt paper, and skylights paned with wire-reinforced glass.

Ceilings: The ceiling is finished in plaster with water-soluble paint, with spray-lacquered light-diffusing louvers installed over the skylights.

Floor: Floors are finished in linoleum tiles and concrete with joint spacing on the first floor.

Fenestration: Glazing is set in steel-framed sashes.

D. Fixtures and Mechanical Equipment:

Lighting: For the second floor exhibition space, in order to achieve an optimally adequate level of lighting with even distribution, we employed a composite skylight system, with wire-reinforced glass on the exterior layer and *Sudare* Glass Blinds/Screens on the interior layer, and metal louvers finished in matte-lacquer spray paint attached to the ceiling plane to diffuse the daylight. For night and auxiliary use, artificial light sources are installed within the ceiling (refer to the sectional drawing). For the display cases, the glazing is angled to reduce the glare for better visibility (refer to the interior perspective drawing), while fluorescent lighting is attached to the inner frame. In addition to these fixed display shelves, moveable showcases for displaying craftwork items are devised, and on the first floor Sculpture Galleries lit by fluorescent lighting, particular care was taken in the placement of directional spotlights mounted to the ceiling to produce optimal lighting for the exhibited items.

[Translator's Note: *Sudare* blinds/screens are typically made of a woven horizontal plane of thin bamboo or reeds. In this case, they are replaced by thin straw-like rods of glass.]

Air Circulation and Humidity Control: Bearing in mind the value of the art works in the Exhibition Rooms, Display Shelves and Storage, air-regulating devices that control humidity in the summer and adjust the humidity and temperature in the winter were installed in those locations. Equipped in the Mechanical Room on the first floor is a US-manufactured Carrier air conditioner system unit-type humidity control device, and refrigeration and heating equipment which in combination filter and circulate the air four times an hour. [Excerpt]

Adapted from *Kokusai Kenchiku*, Vol.17, No.6, December 1950

写真クレジット　Photography Credits

新 良太　Ryota Atarashi
p.4, p.15, p.17, p.18右(Right), p.19左(Left), p.20右(Right), p.22-31, p.50-51

村沢文雄　Fumio Murasawa
p.1, p.16右(Right), p.18左(Left), p.19右(Right)

臼井正夫　Masao Usui　　p.20左(Left)

齋藤さだむ　Sadamu Saito　　p.53

Moirenc Camille　　p.54

高瀬良夫　Yoshio Takase/GA photographers　　p.58

平山忠治　Chuji Hirayama　　p.61

イサム・ノグチ《こけし》1951　Isamu Noguchi *Kokeshis*　p.26
©2015 The Isamu Noguchi Foundation and Garden Museum/ARS, N. Y./JASPAR, Tokyo E1910

画像提供　Provision of Images

一般財団法人工芸財団
Japan Industrial Arts Foundation　　p.20左(Left)

北村脩一　Naokazu Kitamura　　p.37-41

文化庁国立近現代建築資料館
National Archives of Modern Architecture, Agency for Cultural Affairs
p.14, p.34-36, p.42-49, p.59

神奈川県立近代美術館
The Museum of Modern Art, Kamakura & Hayama
p.16左右(Left & Right), p.18左(Left), p.19右(Right), p.52, p.53, p.56, p.61

空間を生きた。
「神奈川県立近代美術館 鎌倉」の建築 1951 – 2016

編集：神奈川県立近代美術館
　　　Echelle-1

デザイン：渡邊陽介

翻訳：大西伸一郎、ポリー・バートン、
　　　福田龍介ポール、福田能梨絵

編集協力：坂倉建築研究所｜萬代恭博
　　　　　魁綜合設計事務所｜北村紀史

印刷：株式会社廣済堂

発行人：下田泰也

発行：株式会社Echelle-1（エシェル・アン）
　　　東京都新宿区下宮比町2-14 飯田橋KSビル2F
　　　Tel.03-3513-5826
　　　http://www.echelle-1.com

発売：株式会社建築資料研究社
　　　東京都豊島区池袋2-38-2 COSMY-Ⅰ 4F
　　　Tel.03-3986-3239

©Echelle-1, Inc., 2015

2015年12月15日初版第1刷発行
2016年 4月30日　　第2刷発行
ISBN 978-4-86358-389-4

本書の複製・複写・無断転載を禁じます。
万一、落丁乱丁の場合はお取り替えいたします。

Lived Space
The Architecture of The Museum of Modern Art, Kamakura 1951 - 2016

Edited by: The Museum of Modern Art, Kamakura & Hayama
　　　　　Echelle-1

Design: Yosuke Watanabe

Translation: Shin Ichiro Ohnishi, Polly Barton, R. Paul Fukuda,
　　　　　　and Norie Lynn Fukuda

Editorial Support: Sakakura Associates | Yasuhiro Mandai
　　　　　　　　Kai Architects Associates | Noribumi Kitamura

Printing: KOSAIDO Co., LTD.

Publisher : Yasunari Shimoda

Published by: Echelle-1, Inc.
　　　　　　Iidabashi KS Bldg., 2-14 Shimomiyabi-cho,
　　　　　　Shinjuku-ku, Tokyo
　　　　　　Phone: +81-3-3513-5826
　　　　　　http://www.echelle-1.com

Distributed by: Kenchiku Shiryo Kenkyusya CO., LTD.
　　　　　　　Cosmy 1 Bldg., 2-38-2 Ikebukuro, Toshima-ku, Tokyo
　　　　　　　Phone: +81-3-3986-3239

©Echelle-1, Inc., 2015

First printing: December 15, 2015
Second printing: April 30, 2016
ISBN 978-4-86358-389-4